事業者必携

改正対応!

中小企業のための

株式会社【株主総会・取締役会・監査役会】の議事録・登記の手続きと書式サンプル集

認定司法書士 望月 慎之助 監修

三修社

本書に関するお問い合わせについて

本書の記述の正誤に関するお問い合わせにつきましては、お手数ですが、小社あてに郵便・ファックス・メールでお願いします。大変恐縮ですが、お電話でのお問い合わせはお受けしておりません。内容によっては、お問い合わせをお受けしてから回答をご送付するまでに１週間から２週間程度を要する場合があります。

なお、本書でとりあげていない事項についてのご質問、個別の案件についてのご相談、監修者紹介の可否については回答をさせていただくことができません。あらかじめご了承ください。

はじめに

議事録は、会社運営における決定事項を明確に記録するための文書です。事業を継続していく上で、取締役を変更したり、役員報酬の見直しや増資、機関設計の変更などを行う必要もでてきます。このような会社の重要な事項を決定するためには、株主総会や取締役会を開催し、その決議を経る必要があります。株主総会や取締役会の開催後には、議事録を作成することが会社法で義務付けられています。議事録には議事の経過の要領・結果、出席した役員の発言内容などについて記録します。作成された議事録は、トラブル発生時には重要な証拠書類になりますし、株主や会社の債権者が閲覧することもあります。

また、株主総会や取締役会で決議・変更をした事項が登記（商業登記）をしなければならない事項であった場合、登記をする必要があります。商業登記は、会社の重要事項について、法務局に備えている登記簿に記載し、広く一般に公開する制度です。

本書では、主に中小企業を対象に、株式会社の議事録と登記申請手続きについて基本事項を解説し、サンプル例を豊富に掲載しています。株主総会の招集、役員等の選任、解任、報酬・責任・行為等、機関の設置・廃止、定款変更、新株発行などで必要になる議事録や登記申請書を93例掲載しています。

なお、本書では、平成28年４月の商業登記規則の改正で定められた株主リストや、令和元年12月の改正会社法など、最新の法改正についてもフォローしています。中小企業にとって必要と思われる改正事項については随所に解説を加えています。

本書を通じて、皆様のお役に立つことができれば、監修者としてこれに勝る喜びはありません。

監修者　認定司法書士　望月　慎之助

Contents

第３章　株主総会の招集と議事録

第４章　役員等の選任・解任に関する議事録と登記

第６章　機関を設置・廃止する場合の議事録と登記

第７章　定款変更や新株発行などの議事録と登記

書式に記載している印鑑の区別

会社代表印の押印が必要な箇所

個人の実印を押印する箇所

認印でかまわない箇所

認印でもかまわないが、一般的に会社代表印を押印することが多い箇所

第1章

株式会社の機関と議事録の作成の基本

1 会社の機関設計の基本についておさえておこう

特に株式会社の機関設計にはさまざまなパターンがある

会社の機関とは

会社は、生身の人間のように肉体や意思をもたないので、会社としての意思決定や、その意思決定に基づいた行為をするための人や組織が必要です。このように、会社としての意思決定や、その意思決定に基づいた行為をする人や組織を会社の機関といいます。

会社法が株式会社の機関として規定しているのは、①株主総会、②取締役（会）、③代表取締役・執行役、④監査役（会）、⑤監査等委員会、⑥指名委員会等（三委員会）、⑦会計監査人、⑧会計参与です。会社法は、これらの機関が調和のとれた活動を行えるように、さまざまな規定を設けています。特に株式会社については、権限をさまざまな機関に分割することで、各々の機関がお互いを監視できるシステムを整えています。これにより、健全で合理的な会社運営を行うことが期待できると考えられています。原則として、どのような機関を設けるのかは、株式会社の自由に任せられています。

株式会社の機関に関する会社法上の規定は、株式会社の規模や性質（たとえば、大会社かそれ以外か、公開会社か非公開会社か）に応じて、機関の設置を義務付けるかどうかを決めているのが特徴的です。取締役・監査役・会計参与は、会社法上の「役員」として扱われます。一般用語としての「役員」と会社法上の「役員」では意味が異なることもあるので注意しましょう。さらに、役員に執行役と会計監査人を加えたものは、会社法上の「役員等」として扱われることになります。なお、大会社とは、資本金が５億円以上または負債額が200億円以上の株式会社のことです。

どの株式会社も株主総会と取締役は必ず設置する

会社法上、すべての株式会社には、機関として株主総会と取締役を置くことが義務付けられています。その他は、大会社または公開会社の場合に設置を強制される機関が増えます。大会社や公開会社においては、特に業務の適正を図り、経営に関与していない株主や取引先などを保護する必要性が高いためです。逆に大会社に該当しない非公開会社であれば、かなり自由な機関設計が可能です。

また、監査役や監査役会を設置しない代わりに、指名委員会等を設置することもできます。指名委員会等を設置した株式会社は指名委員会等設置会社と呼ばれます。指名委員会等設置会社の機関設計は、次ページ図の⑨、⑭、⑳、㉓のパターンになります。指名委員会等設置会社とは、執行役・代表執行役と３つの委員会（指名委員会、監査委員会、報酬委員会）が置かれる株式会社です。３つの委員会はまとめて三委員会と呼ばれます。指名委員会等設置会社の業務執行は執行役、その代表は代表執行役が担当します。

監査役や監査役会を設置しない代わりに、監査等委員会を設置することもできます。監査等委員会設置会社の機関設計は、次ページ図の⑩、⑮、㉑、㉔のパターンになります。

■ 会社の機関（株式会社の場合）

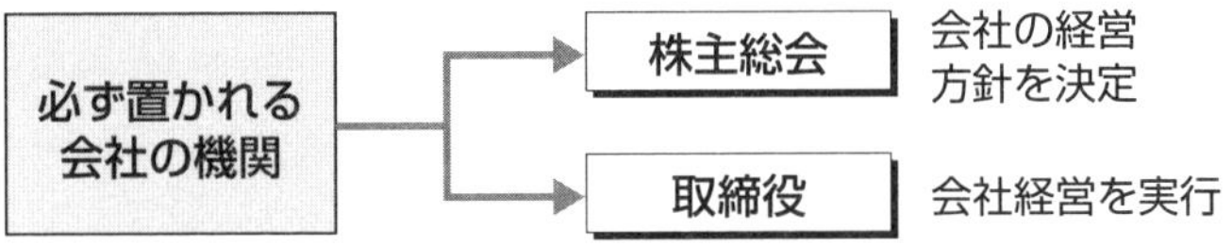

●どんな機関設計を採用した会社にも必置の機関は株主総会と取締役の２つ
●会社の規模、株式の公開・非公開の状況に応じて以下の機関を設置する

取締役会	監査役	監査役会	三委員会
監査等委員会	会計監査人	会計参与	

■ 機関設計のパターン

		株主総会	取締役	取締役会	監査役	監査役会	三委員会	監査等委員会	会計監査人	会計参与
非公開会社（大会社除く）	①	○	○							△
	②	○	○		○					△
	③	○	○		○				○	△
	④	○	○	○						○
	⑤	○	○	○	○					△
	⑥	○	○	○	○	○				△
	⑦	○	○	○	○				○	△
	⑧	○	○	○	○	○			○	△
	⑨	○	○	○			○		○	△
	⑩	○	○	○				○	○	△
非公開会社（大会社）	⑪	○	○		○				○	△
	⑫	○	○	○	○				○	△
	⑬	○	○	○	○	○			○	△
	⑭	○	○	○			○		○	△
	⑮	○	○	○				○	○	△
公開会社（大会社除く）	⑯	○	○	○	○					△
	⑰	○	○	○	○	○				△
	⑱	○	○	○	○				○	△
	⑲	○	○	○	○	○			○	△
	⑳	○	○	○			○		○	△
	㉑	○	○	○				○	○	△
公開会社（大会社）	㉒	○	○	○	○	○			○	△
	㉓	○	○	○			○		○	△
	㉔	○	○	○				○	○	△

※表にある①～㉔の機関設計のパターンのうち、○は必ず設置しなければならない機関、△は設置しても設置しなくてもよい機関（任意機関）。

※会計参与は、④の機関設計のパターンを除いて、いずれの機関設計のパターンにおいても任意機関である。そのため、株式会社の機関設計のパターンは、全部で 47 種類となる。

2 議事録とはどのような目的で利用されるのか

商業登記申請や閲覧・謄写請求を受けたときに必要

何のために議事録を作成するのか

株主総会や取締役会が開催された場合、株式会社は、会社法その他の法令に従って、適法な議事録を作成しなければなりません。議事録とは、議事の経過の要領やその結果、場合によっては出席者の発言内容の概要などについて記録した文書や電磁的記録です。会社法は、株主総会・取締役会・監査役会などの会議が開催されたとき（開催されたとみなされたときも含む）には、議事録を作成することを義務付けています。株主総会の議事について作成する議事録を株主総会議事録、取締役会の議事について作成する議事録を取締役会議事録、監査役会の議事について作成する議事録を監査役会議事録といいます。

各議事録には会社法や会社法施行規則で記載しなければならない事項が法定されています。この記載しなければならない事項（法定記載事項）は、各議事録によって異なります。逆にいうと、法定記載事項さえ記載していれば、その他の形式は原則として会社の自由です。

作成した議事録は会社の役員等が見るだけではありません。商業登記をする際の添付書類として必要になることもあります。また、株主や債権者などが、議事録の閲覧や謄写（原本の写し）の請求をしてきた場合に、会社がそれに応じる義務が生じることもあります。

議事録は電磁的記録により作成することが可能

議事録は書面で作成することが一般的ですが、会社法上は、書面の他に電磁的記録によって作成することもできます。

電磁的記録とは、CD－ROMやDVD－ROMなど、確実に情報を記録しておける記録メディアあるいは電子媒体に記録したものをいいます。CD－ROMやDVD－ROMの他にも、ハードディスク、フロッピーディスク、USBメモリー、SDカードなどに情報を記録したものが電磁的記録として認められています。

電磁的記録により議事録を作成した場合は、書面で議事録が作成された場合と比較して、署名または記名押印（20ページ）の取扱いや、後述する議事録の備置きについての取扱いなどが異なります。

たとえば、電磁的記録によって議事録が作成された場合、書面で作成された場合と異なり、署名または記名押印をする代わりに電子署名をすることになります。電子署名とは、他人による改ざんやなりすまし防止するしくみがとられているもので、書面における署名または記名押印に相当します。本書においては、書面によって議事録が作成されることを前提として説明をしていきます。

議事録の備置き義務と閲覧・謄写請求について

会社法は、会社に対して議事録の備置き義務を課し、この備え置かれた議事録は、株主や債権者などが閲覧・謄写を請求することができるとしています。議事録は「どこ」に備え置く義務があり、「誰が」閲覧・謄写請求を行えるのかなどを確認していきましょう。

①　株主総会議事録

株主総会議事録は、株主総会の日から10年間、その原本を本店に備え置かなければなりません。さらに、会社が支店を設置している場合は、株主総会議事録の写しを、株主総会の日から５年間、その支店に備え置かなければなりません。

株主及び債権者は、本店や支店に備え置かれた株主総会議事録について会社の営業時間内は、いつでも閲覧・謄写請求をすることが可能です。また、他の会社の議決権の過半数を保有するなどの資本参加を行い、または役員を派遣するなどして他の会社を支配する側の会社を親会社、その会社に支配される側の会社を子会社といいますが、親会社の株主は、その権利行使のために必要があるときには、裁判所の許可を得た上で、子会社の株主総会議事録の閲覧・謄写請求が可能です。

② 取締役会議事録

取締役会議事録は、取締役会の日から10年間、会社の本店に備え置かなければなりません。

監査役設置会社・監査等委員会設置会社・指名委員会等設置会社以外の会社の場合、株主は、備え置かれた議事録を、その権利を行使するため必要があるときには、会社の営業時間内は、いつでも閲覧・謄写請求をすることが可能です。

反対に、監査役設置会社・監査等委員会設置会社・指名委員会等設置会社の場合、株主は、その権利を行使するために必要があるときには、裁判所の許可を得ることで、閲覧・謄写請求をすることができます。監査役設置会社とは、業務監査権がある監査役を設置する会社です。監査役は、取締役の職務執行を監査する権限（業務監査権）を有するのが原則です。ただし、監査役会設置会社及び会計監査人設置会社以外の非公開会社においては、監査役の監査の範囲を会計に関するもの（会計監査）に限定する旨を定款で定めることができます（監査役の権限は164ページ参照）。

これに対し、会社の債権者及び親会社の社員は、会社の機関設計パターンを問わず、役員や執行役の責任を追及するために必要がある

■ **株主総会議事録に関する義務** ……………………………

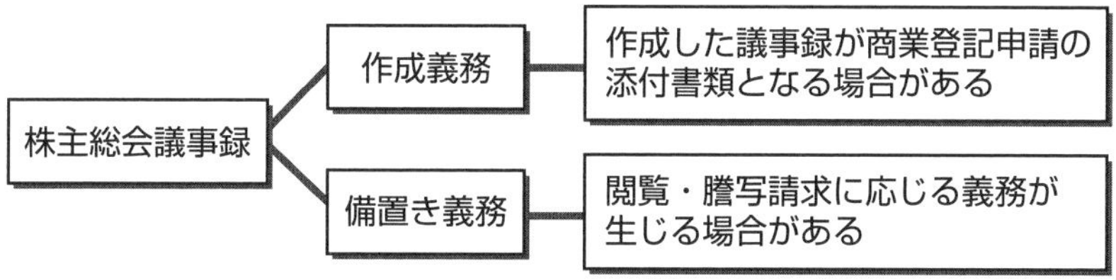

ときは、裁判所の許可を得て、取締役会議事録の閲覧・謄写請求ができます。

なお、裁判所は、閲覧・謄写をさせることにより、会社（当該会社の親会社・子会社を含む）に著しい損害を及ぼすおそれがあると認めるときは、閲覧・謄写を許可することができません。

株主総会議事録と比較したときに、取締役会議事録の閲覧・謄写ができる場合が限定的であるのは、一般的に取締役会議事録には会社の機密事項が記載されている場合が多いためです。

③　監査役会議事録

取締役会議事録と同様、監査役会の日から10年間、監査役会議事録を会社の本店に備え置く必要があります。株主及び親会社の社員が権利を行使するため必要があるときや、債権者が役員の責任を追及するために必要があるときは、裁判所の許可を得て、監査役会議事録の閲覧・謄写請求をすることが可能です。ただし、裁判所は、取締役会議事録と同様、会社に著しい損害を及ぼすおそれがあると認めるときは、閲覧・謄写を許可することができません。

■ 公開会社と非公開会社の違い

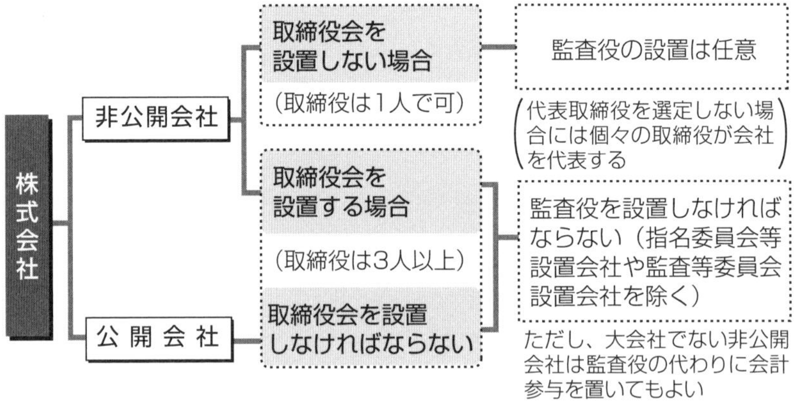

3 議事録作成の手順について知っておこう

事前に議事録案を作成しておくことが実務上多い

議事録作成の期日について

株主総会や取締役会などが開催された場合には議事録を作成する義務がありますが、いつまでに作成すればよいかが問題となります。

株主総会議事録の場合、「株主総会の日から10年間、株主総会議事録を本店に備え置かなければならない（会社法318条２項）」と規定されています。取締役会議事録、監査役会議事録の場合も、同様の「取締役会の日から10年間」「監査役会の日から10年間」という規定があります（会社法371条１項、394条１項）。

そこで、議事録は株主総会などの開催前に、想定される議事の経過・結果をもとにして事前に作成しておき、株主総会などが終結した場合には、できるだけ早く修正や加筆を行い、議事録を完成させるのがよいでしょう。

議事録の作成の注意点

議事録を作成するためには、各議事録の法定記載事項を確認しておく必要があります。各議事録の法定記載事項は、株主総会議事録については25ページ、取締役会議事録については33ページ、監査役会議事録については47ページに詳細を記載していますので、事前にきちんと把握しておくようにしましょう。

事前に想定される経過・結果をもとに議事録を作成していたとしても、株主総会などの進行中に、事前に想定していなかった議案が提出され、決議されることもあります。そこで、録音・録画などをして、終結後に正確な議事録を作成しやすくする準備も必要です。

議事録にする署名または記名押印について

議事録を書面で作成した場合、取締役会議事録には、出席した取締役及び監査役が署名または記名押印する必要があり（会社法369条３項)、監査役会議事録には、出席した監査役が署名または記名押印する必要があります（会社法393条２項)。一方、株主総会議事録には署名または記名押印の義務を定めた法令はありません。ただし、会社の定款などで、出席した取締役などに対する署名または記名押印の義務について規定している会社は、その定款などの規定に従って株主総会議事録に署名または記名押印をする義務が発生します。

なお、署名とは、本人が自署する（名前を手書きする）ことで、記名押印とは、パソコンで印字するか、またはゴム印を押印するなどして記載した名前の右横（縦書きの場合は名前の下）に印鑑を押すことです。

議事録への署名または記名押印を要求する理由は、議事録に記載されている内容の決議が真実に行われたものであることを担保するためであったり、その議事録が会社にとって真正なものである（本物の議事録である）ことを証明するためです。議事録に記載された決議内容について出席役員が責任を負うという意味もあります。

したがって、株主総会議事録についても、定款などで署名または記名押印を義務付けていなくても、出席役員に署名または記名押印をさせるのが望ましいといえるでしょう。一般的にも、議長や議事録作成の職務を行った代表取締役が自らの記名に会社代表印（51ページ）を押印したり、出席取締役全員が記名押印したりするなどの取扱いをする会社が多いようです。

議事録に添付する書類

議事録に添付すべき書類については、特に法令上の定めはありませんが、株主総会、取締役会、監査役会で実際に配布した資料などのように、議案の詳細が記載してある資料を添付するのが一般的です。
たとえば、株主総会の招集通知に添付される「株主総会参考資料」には、議案の詳細が記載してあるため、株主総会の招集通知を株主総会議事録の資料として添付する会社も多くあります。
議事録の記載だけでは決議・報告の詳細がわからない場合、たとえば、「別紙○○書のとおり○○したい旨を提案し」と記載されている場合は、「別紙○○書」を資料として議事録に添付しないと、議事録の記載からは決議・報告された内容が不明確となりかねません。そのため、議場に提出された資料は議事録に添付するとよいでしょう。
ただし、取締役会や監査役会に提出された資料は、会社にとって機密性の高い情報を記載していることもあるため、その取扱いにあたっては十分な注意が必要です。議事録は、一定要件を満たした株主・債権者・親会社社員によって、閲覧・謄写の請求をされる場合があり、閲覧・謄写の請求があった際には議事録の添付書類もその対象になるためです。
したがって、場合によっては機密性の高い配布資料を議事録に添付しないなどの対応をして、株主などによって閲覧・謄写されても会社に損害を与えることのないように注意しましょう。

■ 議事録の作成手順例（株主総会の場合）

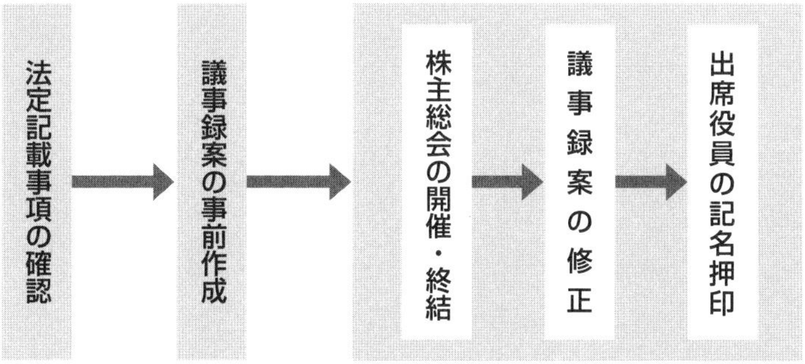

4 株主総会のしくみと議事録の作成手順をおさえよう

法令や定款を確認して株主総会の決議要件を把握する

株主総会とは

株主総会とは、会社の株主を集めて、その会社の方針などを決定する機関です。株主総会を開く目的は、会社の方針などを株主の総意によって決定することにあります。

株主総会の役割は、その会社が取締役会を設置している会社（取締役会設置会社）であるか、取締役会を設置していない会社（取締役会非設置会社）であるかによって異なります。

取締役会設置会社の場合は、経営のプロである取締役が一堂に会する取締役会が、会社の経営に関する意思決定を行う機関として位置付けられています。そのため、会社法上、取締役会設置会社の株主総会の権限は限定的なものになっています。具体的には、会社法及びその会社の定款に「株主総会で定めるべきである」と規定されている事項（基本的事項）についてだけ決議をすることができます。

一方、取締役会非設置会社は規模の小さい会社が多いため、株主は会社の所有者として基本的事項だけ決定すればよい、というわけではなく、積極的に会社の経営にも参加していこうという姿勢がとられています。こうした理由から、取締役会非設置会社の株主総会では、上記の基本的事項だけでなく、その会社に関する一切の事項について決議をすることができます。

株主総会には、決算期ごとに招集される定時株主総会と、必要に応じて招集される臨時株主総会があります。株主総会の招集は代表取締役が行うのが通常です（94ページ）。

また、会社は発行株式の内容について特別の定めを置くことができます。この内容が異なる種類の株式を種類株式、２つ以上の内容の異なる種類株式を発行する株式会社を種類株式発行会社、種類株式発行会社において特定の種類株式を保有する株主が集まる株主総会を種類株主総会といいます。特定の種類株式を保有する株主に損害を与えるおそれのある変更などを行う場合には、その株主を構成員とする種類株主総会を開催した上で、特別決議を経なければ、その変更の効力は生じません。

開催のスケジュール

臨時株主総会の場合は、決議が必要となる日から遡って、法令上必要とされる期間を守ってスケジュールを立てます。一方、定時株主総会の場合は、事業年度末日を基準日として３か月以内に開催しなければなりませんから、この期間内に必要な作業を行うようにスケジュールを立てます。

たとえば、定時株主総会を開催する場合は、事業年度末日を基準日として株主総会で必要とされる書類を作成します。その上で、招集通知に計算書類・事業報告書（付属明細書を含む）及び監査報告などを添付しなければなりません（監査役を設置する取締役会設置会社の

■ 定時株主総会開催までのスケジュール

基準日（通常は事業年度末日）

３か月

計算書類・事業報告書（附属明細書を含む）の作成

計算書類・事業報告書の監査（監査役）

計算書類・事業報告書の承認（取締役会）

招集通知の発送

定時株主総会

場合）。そのためには、招集通知の発送時点で計算書類・事業報告書を取締役会で承認しなければなりません。また、取締役会の承認が行われる前に、監査役が計算書類・事業報告書を監査し、監査報告を取締役会に提出していることも必要です。

なお、令和元年成立の会社法改正により、会社の定款に定めることで、招集通知に添付する書類について、書面を送付せずウェブサイトに掲載し、株主にはアドレスを書面で通知する方法で提供することが可能になりました（電子提供措置）。この制度を採用するためには、その旨を登記することが必要です。

株主提案権

株主提案権には、①株主がある事項を株主総会の議題とするのを請求する議題提案権、②議題につき株主が提出しようとする議案の要領を招集通知に記載することを請求する議案通知請求権、③株主総会で議題につき議案を提出する議案提案権が含まれます。

取締役会設置会社の場合、会社法上、①・②については、６か月前より引き続き総株主の議決権の100分の１以上または300個以上の議決権を有する株主が、株主総会の日の８週間前までに行うことを要件としています。株主から①・②を行使があった場合、会社としては、要件を満たすかどうかをチェックすることが求められます。

しかし、以上の要件を満たすとしても、株主提案権の濫用防止の観点から、令和元年成立の会社法改正により、議案の数を10までとする上限を設けました。議案の数が10を超える場合には、株主による議案相互間の優先順位の指定がない限り、取締役が招集通知に記載する10の議案を選ぶことができます。

株主総会議事録の法定記載事項

株主総会議事録の法定記載事項は、会社法施行規則72条３項各号

で具体的に定められています。主な法定記載事項は次のとおりです。

・株主総会の開催日時・場所
・株主総会の議事の経過の要領とその結果（報告内容と決議事項）
・株主総会に出席した取締役・執行役・会計参与・監査役・会計監査人の氏名や名称
・議長がいる場合、議長の氏名
・議事録の作成についての職務を行った取締役の氏名

さらに、次に挙げる事項に関連する意見や発言があった場合などには、その内容の概要も議事録に記載する必要があります。

・監査等委員である取締役の選任・解任・辞任について監査等委員である取締役が意見を述べた場合
・辞任した監査等委員である取締役が辞任後初めて招集された株主総会に出席して辞任したこととその理由を述べた場合
・監査等委員である取締役以外の取締役の選任・解任・辞任について監査等委員である取締役が意見を述べた場合
・会計参与の選任・解任・辞任について会計参与が意見を述べた場合
・監査役の選任・解任・辞任について監査役が意見を述べた場合
・会計監査人の選任・解任・辞任について会計監査人が意見を述べた場合
・辞任した会計参与が辞任後初めて招集された株主総会に出席して辞任したこととその理由を述べた場合
・辞任した監査役が辞任後初めて招集された株主総会に出席して辞任したこととその理由を述べた場合
・辞任した会計監査人が辞任後初めて招集された株主総会に出席して辞任したこととその理由を述べた場合
・会計参与が取締役と共同で作成した計算書類・付属明細書・臨時計算書類に関連して取締役と意見が異なる場合に、会計参与が株主総会で意見を述べた場合

・会計参与が会計参与の報酬などについて意見を述べた場合
・取締役が株主総会に提出しようとしている議案や書類を調査した監査役が、法令・定款に違反する内容や著しく不当な事項があることを見つけた結果、その株主総会で報告した場合
・監査役が監査役の報酬などについて意見を述べた場合
・監査役の監査範囲を会計に関することに限定する旨を定款で定めた非公開会社の監査役が、取締役が株主総会に提出しようとしている議案や書類を調査した結果、法令・定款に違反する内容や著しく不当な事項があることを見つけ、株主総会で報告した場合
・計算書類とその付属書類・臨時計算書類・連結計算書類について、会計監査人と監査役の意見が異なる場合に、会計監査人が定時株主総会で意見を述べた場合
・定時株主総会における会計監査人の出席を求める決議を受けて、定時株主総会に出席した会計監査人が意見を述べた場合

株主総会の決議と賛成者の割合の記載

株主総会の決議には、普通決議、特別決議、特殊決議という３種類の方法があります。議事録には定足数や決議要件を満たしているのを明らかにするため、「議決権を行使することができる株主の○○％が出席」「満場一致をもって決議」「出席株主の議決権の３分の２以上の賛成をもって決議」といった割合を示すことが必要になります。

①　普通決議

普通決議とは、議決権を行使することができる株主の議決権の過半数を持つ株主が出席し（定足数）、出席した株主の議決権の過半数の賛成を得た場合（決議要件）に成立する決議です。定足数については、定款で別段の定めをすることができ、定足数を軽減・加重・排除することができます。一方、過半数という決議要件は、定款の定めによって加重することができます。

ただし、役員（取締役・監査役・会計参与）の選任決議及び取締役や会計参与の解任決議は普通決議となりますが、通常の普通決議と異なり、定足数を３分の１未満に軽減することはできません（会社法341条）。会社の経営にとって重要な決議だからです。３章で後述しますが、監査役及び累積投票制度（113ページ）によって選任された取締役の解任決議は特別決議となります。また、会計監査人の選任・解任の決議は通常の普通決議です。役員等の選任・解任の決議の特殊性には十分に注意してください。

②　特別決議

特別決議とは、議決権を行使することができる株主の議決権の過半数を持つ株主が出席し（定足数）、出席した株主の議決権の３分の２以上の賛成を得た場合（決議要件）に成立する決議です。定款の定めにより、定足数は３分の１まで軽減することが可能で、決議要件は加重することが可能です。定款の変更、会社の解散、他の会社との合併を決議する場合など、会社の行く末を決定するような重要な事項を決定する際に特別決議が必要とされています。

■ 株主総会議事録の主な法定記載事項

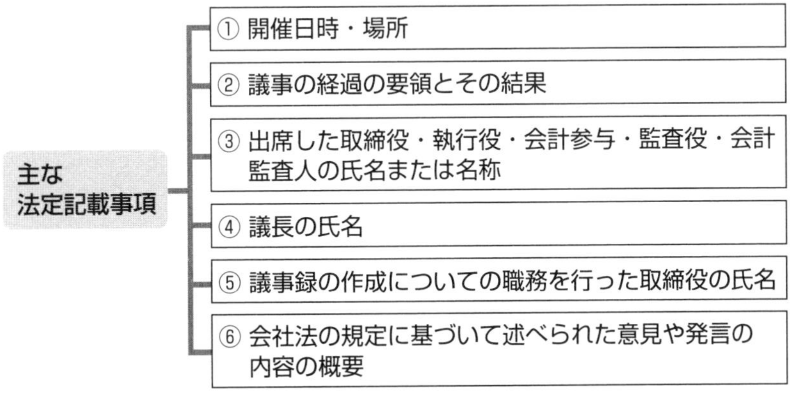

③　**特殊決議**

特殊決議とは、決議要件が特別決議よりもさらに定足数や決議要件が重くなっている決議です。特に株主や会社に重大な影響を与える決議をする場合に特殊決議が必要とされています。定足数や決議要件は定款の定めで加重することが可能です。

たとえば、公開会社において株式の全部について譲渡制限を設ける旨の定款変更を行う場合（非公開会社へと変更する場合）には、議決権を行使することができる株主の半数以上、かつ、株主の議決権の３分の２以上の賛成を得る必要があります。

具体的な記載方法について

書式１は一般的な臨時株主総会議事録の書式例です。定時株主総会議事録例（104ページ）と比べると様式が異なりますが、法定記載事項が記載されていれば、体裁や記載方法は基本的に自由です。

議事録は会議が行われた後に作成するものですから、決議の内容や各社の実情をふまえて作成することができます。多くの場合、株主総会議事録の構成は以下のようになります。

①　**開催場所や発行済株式総数、出席取締役などを記載する冒頭部分**

株主総会議事録には、開催された日時及び場所や、出席した取締役、執行役、会計参与、監査役または会計監査人の氏名または名称といった事項の記載が必要です。

そして、株主総会の決議が成立するためには、一定数以上の株主の出席（定足数）や、一定割合以上の株主の賛成（決議要件）が必要です。そのため、決議が有効に成立したことを示すために、会社の発行済株式の総数や、議決権を行使することができる株主の議決権の数などを記載します。これらは議事録の冒頭部分に記載するのが通常です。記載方法の概要については、以下のとおりです。

・開催された日時及び場所

「令和○年８月１日午前10時00分より、東京都××区××五丁目２番１号○○ビル７階の当社本店会議室において臨時株主総会を開催した」などと記載します。

・**出席取締役**

「星光男（議長兼議事録作成者）、崎岡円蔵、井田善治」などと記載します。

・**発行済株式の数や行使できる議決権の数**

「発行済株式の総数 8,000株」「議決権を行使することができる株主の議決権の数 8,000個」などと記載します。会社が保有する自己株式がある場合には自己株式の数を記載します。

②　報告事項と決議事項

開催する株主総会で決議する事項を記載します。定時株主総会の場合には、決議事項の記載の前に、その事業年度の事業報告を行ったことを報告事項として記載するのが通常です。

報告事項は、「第○期（令和○年４月１日から令和○年３月31日まで）事業報告の内容報告の件」といった見出しを記載した上で、報告した事項を記載します。決議事項は、「第１号議案 第○期計算書類承認の件」「第２号議案取締役３名選任の件」といった見出しを記載した上で、議案の内容や決議の結果を記載します。

③　議事の終了についての記載、日付・出席取締役の押印

報告事項・決議事項の記載の後に、議事の終了について記載します。続けて日付を記載し、出席取締役が押印します。出席取締役の押印について、株主総会議事録には署名または記名押印の義務を定めた法令はありませんが（株主総会で代表取締役を定めた場合に注意。商法登記規則61条６項参照）、末尾に出席取締役の全員が記名押印する会社が多いようです。代表取締役に関しては会社代表印（51ページ）を押印するのが一般的です。

書式１　一般的な臨時株主総会議事録例

臨時株主総会議事録

令和○年８月１日午前10時00分より、東京都××区××五丁目２番１号○○ビル７階の当社本店会議室において臨時株主総会を開催した。

株主の総数	50名
発行済株式の総数	8,000株
（自己株式の総数　０株）	
議決権を有する総株主の数	50名
議決権を行使することができる株主の議決権の数	8,000個
出席株主の数（委任状による出席を含む）	50名
出席株主の議決権の数	8,000個
出席取締役	星　光男（議長兼議事録作成者） 崎岡　円蔵 井田　善治
出席監査役	村田 一郎

以上のとおり、議決権を行使することができる株主全員の出席があったので、本総会は適法に成立した。

よって、代表取締役社長星光男は当社定款第○条の規定により議長となり、開会する旨を宣し、直ちに議事に入った。

第１号議案 取締役１名選任の件

議長は、取締役崎岡円蔵が本総会の終結の時をもって辞任する旨表明しているため、後任取締役として当社○○部部長丁原四郎を選任したい旨を述べ、その選任の可否を議場に諮ったところ、満場異議なく議長の指名どおり選任することを承認可決した。

第２号議案 第三者割当による募集株式発行の件

議長は、第三者割当による募集株式の発行を行いたい旨を説明し、下記事項を議場に諮ったところ、出席株主の議決権の３分の２以上の賛成を得て、本議案は原案どおり承認可決した。

記

1．募集株式の種類及び上限数	普通株式2,000株
2．募集株式の払込金額の下限	金１万円
3．その他の事項	その他募集事項の決定は取締役会に委任する。

議長は以上をもって本日の議事を終了した旨を述べ、午前10時30分閉会を宣した。

上記議事の経過の要領及びその結果を明確にするために議長は本議事録を作成し、議長及び出席取締役の全員が記名押印する。

令和○年８月１日

実務上は総会議事録にも会社代表印を押してもらうことが多い

株式会社星光商事 臨時株主総会

議　長　兼
議事録作成者　　星　光男　　印（認印でも可）
代表取締役社長

出席取締役　　崎岡　円蔵　　㊞

同　　井田　善治　　㊞

5 取締役会のしくみと議事録の作成手順をおさえよう

取締役会非設置会社においては取締役決定書を作成する

３人以上の取締役で構成される

取締役会は、株式会社の業務執行に関する意思決定をする会議体です。取締役会は３人以上の取締役によって構成されます。公開会社、監査役会設置会社、監査等委員会設置会社、指名委員会等設置会社は、必ず取締役会を設置しなければなりません。取締役会設置会社の場合、役員や会計監査役の選任・解任、定款の変更、他の会社との合併など、会社の経営に関する基本的事項は株主総会で決定しますが、それ以外の事項は取締役会で決定することができます。

取締役会で決議した事項に基づく業務執行については、代表取締役だけではなく、特に賛成した取締役も法的責任を負う場合があります。取締役会の議案に反対するのであれば、取締役会で反対を表明し、かつ、反対したことを議事録に記載しておかなければ、議案に賛成したとみなされ、法的責任を負うことがあります。

取締役会の開催

会社法では、取締役会設置会社の場合に、取締役会で決議すべき事項を規定しています。たとえば、重要な財産の処分・譲受け、多額の借財、支配人その他の重要な使用人の選任・解任、支店その他の重要な組織の設置・変更・廃止、内部統制システムの構築などです。令和元年成立の会社法改正により、会社と取締役との利益相反状況がある場合などにおいて、社外性を失わせることなく社外取締役に対して業務の執行を委託することも、取締役会で決議すべき事項として追加されました。

これらの事項は、取締役会の決議によらなければならない取締役会の専属的決議事項です（会社法362条４項)。代表取締役が選定されているとしても、専属的決議事項については、代表取締役だけで決定することが許されないと共に、取締役会が他の取締役に決定権限を委任することも許されません。

会社法上、取締役会は最低でも３か月に一度は開催しなければなりません。しかし、実際の会社経営では迅速な判断が求められることも多いでしょうから、３か月に一度では少なすぎます。１か月に一度ぐらいは開催して、業務に関する意思決定や報告を行うべきでしょう。なお、取締役会の専属的決議事項について決議を急ぐ必要がある場合には、臨時に取締役会を開催することも可能です。

取締役会議事録の法定記載事項

取締役会議事録は、取締役会で検討された議事の経過やその結果について記載するものです。主な法定記載事項は以下のとおりです(会社法施行規則101条３項)。

・取締役会の開催日時・場所
・取締役会の議事の経過の要領とその結果（報告内容と決議事項）
・取締役会での決議を要する事項について、その事項に特別の利害関係がある取締役がいる場合は、その取締役の氏名
・出席した執行役・会計参与・会計監査人・株主の氏名または名称
・議長がいる場合は、議長の氏名
・テレビ電話システムなどを利用して、開催場所以外から取締役会に出席した役員等や株主がいる場合は、その出席方法
・特別取締役による取締役会の決議であった場合は、その旨
・定款または取締役会の定めによって招集権限を与えられている取締役以外の取締役によって招集されたときは、その旨
・監査役または株主の請求によって招集されたときは、その旨

なお、特別取締役とは、迅速な意思決定を行うために、重要な財産の処分・譲受けや多額の借財について決定をする権限を、取締役会から与えられた取締役です。特別取締役を置くためには、取締役会の構成員に社外取締役（会社法２条15号の要件を満たす取締役のこと）が存在するなど、一定の要件を満たすことが必要です。

その他にも、次に挙げる事項に関連する意見や発言があった場合には、その意見・発言の内容の概要も議事録に記載します。

①　取締役の意見・発言

競業取引（会社の事業と同様の業務について取締役や執行役が自己または第三者のために行う取引のこと）や、利益相反取引（取締役や執行役が行う会社の利益を損なう可能性のある取引のこと）を行った取締役による意見・発言の内容

②　株主の意見・発言

取締役が違法行為を行う危険があることを理由に株主が取締役会の開催を請求した株主が取締役会に出席して意見・発言した内容

③　会計参与の意見・発言

各事業年度の計算書類・事業報告・付属明細書・臨時計算書類・連結計算書類（会計監査人設置会社の場合で監査役と会計監査人の監査を経たもの）の承認をする取締役会において、必要と認めるときに取締役会に出席した会計参与が意見・発言した内容

④　監査役の意見・発言

取締役会に出席した監査役が必要と認めるときに意見・発言した内容

取締役会の決議と賛成者の記載

取締役会は各取締役が招集できますが、定款または取締役会で定めた内部規程（取締役会規則など）によって特定の取締役だけに招集権限を与えることも可能です。また、監査役の請求によって取締役会

が開催されることもあります。なお、株主の請求によって開催されるのは、監査役設置会社・監査等委員会設置会社・指名委員会等設置会社を除いた取締役会設置会社の場合に限定されています。

取締役会では、前述した専属的決議事項など、会社の経営に関する重要な業務執行に関して決議をします。取締役会の決議は、議決に参加できる取締役（議決する議案について特別な利害関係を有する取締役は参加できません）の過半数が出席し（定足数）、出席者の過半数の賛成を得る（決議要件）ことによって成立します。なお、定足数・決議要件共に過半数を上回る割合であれば、定款で別段の定めをすることができます。

取締役会議事録には、「出席取締役の全員一致により」などと決議が成立したことが明確になるような記載をします。決議に反対する取締役がいた場合には、その旨を記録に残すため、「○○及び××を除く取締役全員の賛成により」などと記載します。

取締役会非設置会社における取締役決定書

取締役会非設置会社については、取締役会がないので取締役会議事録を作成することはありません。取締役会非設置会社の業務は、取締役が複数名いる場合、原則として取締役の過半数の一致（賛成）によって決定すると規定されています（会社法348条２項）。取締役の過半数の一致をもって、業務執行の決定をした場合は、これを証明する書類を作成すべきです。一般的には「取締役決定書（決議書）」などの名称で作成することが多いようです。

取締役決定書は、取締役会議事録と異なり、会社法で作成が義務付けられている書類ではないため、法定記載事項はありません。しかし、取締役の過半数の一致があったことを後日の証拠として残すためにも、取締役決定書の作成を慣例化させておくべきでしょう。

なお、取締役会非設置会社の登記申請の際には、取締役会議事録の添付に代えて、取締役の過半数の一致があったことを証明する書類として、取締役決定書の添付が必要になることもあります。

取締役会決議の省略

取締役会設置会社は、取締役が取締役会の決議の目的である事項について提案をした場合において、その提案につき取締役（議決に参加できる取締役）の全員が書面または電磁的記録により同意の意思表示をしたときは、その提案を可決する旨の取締役会決議があったものとみなすことができます（会社法370条）。ただし、取締役会に出席する義務がある業務監査権限を有する監査役が、その提案について異議を述べたときは、取締役会決議があったとみなすことが認められません（監査役の権限については164ページで後述）。

この規定は、機動的な会社の運営を確保することを趣旨としていますが、取締役会の決議省略ができる旨の定款の定めがあることを条件としている点に注意が必要です。株主総会の決議省略（97ページ。書式については106ページ）も同趣旨の規定です（株主総会の決議省略は定款の定めがなくても行うことができます）。

業務を執行する取締役（代表取締役など）は３か月に１回以上、自分の職務の執行状況を取締役会に報告する義務がありますが、この報告は実際に開催した取締役会でする必要がある点も注意してください。

取締役会議事録の具体的な記載方法について

書式２は一般的な取締役会議事録の書式例です。取締役会議事録の構成は以下のようになります。

① 開催場所や出席取締役・監査役などを記載する冒頭部分

取締役会の決議は、前述したように、議決に参加できる取締役の過半数が出席し、出席者の過半数の賛成を得ることによって成立します。そのため、出席者の氏名を冒頭に記載します。

・**開催された日時及び場所**

「令和○年８月１日午前10時45分より、東京都××区××五丁目２番１号○○ビル８階の本店第２会議室において取締役会を開催した」などと記載します。

・**出席取締役及び出席監査役**

監査役を設置している場合、取締役だけでなく、監査役（監査の範囲を会計に関するものに限定していない場合）にも出席義務があるため、監査役の氏名も記載します。

②　決議事項・報告事項

「第１号議案 役付取締役選定の件」「第２号議案 株主総会及び取締役会の招集権者・議長の代行順位決定の件」といった見出しを記載した上で、決議した事項や決議の結果を記載します。

報告事項についても、同様に「１．代表取締役社長星光男から職務執行の状況報告」「２．取締役副社長井田善治からの職務執行の状況報告」といった見出しを記載した上で、報告した事項を記載します。

③　日時や議事の終了についての記載、出席取締役などの押印

報告事項・決議事項の記載の後に、取締役会を開催した日付や議事の終了について記載します。

押印については、株主総会議事録と異なり、取締役会議事録には出席取締役、出席監査役の全員が署名または記名押印をする必要があります。ただし、株主総会議事録と同様、代表取締役については、会社代表印（51ページ）を押印し、その他の出席取締役・出席監査役の押印は認印でもかまわないとするのが一般的です（取締役会で代表取締役や代表執行役を選定した場合に注意、商業登記規則61条６項参照）。

取締役決定書の具体的な記載方法

書式３は取締役決定書の書式例です。表題は「取締役決議書」「取締役の過半数の一致を証する書面」などでもかまいません。また、代表取締役の選定だけをする場合は「代表取締役の互選書」などでもかまいません。前述したように、取締役会議事録と異なり取締役決定書には法定記載事項はありませんが、取締役決定書の書き方や構成は取締役会議事録と同様と考えてよいでしょう。

なお、書式３の取締役決定書では、定款の規定に基づく代表取締役の選定をしていますが、代表取締役の選定は登記事項ですので、本取締役決定書が登記申請をする際の添付書類になります。

取締役会の決議省略を行う場合の議事録例、提案書例、同意書例

書式４から書式６は取締役会の決議省略を行った場合の取締役会議事録例、提案書例、同意書例です。本書式を使用して取締役会決議があったとみなすためには、前述したように、その旨を定款で定めておくことが必要になりますので注意してください。

なお、書式４から書式６では、定款の変更を伴わない本店移転を決議していますが、書式４の取締役会議事録は、本店移転登記申請をする際の添付書類になります。

■ 取締役会議事録の主な法定記載事項 ……………………………

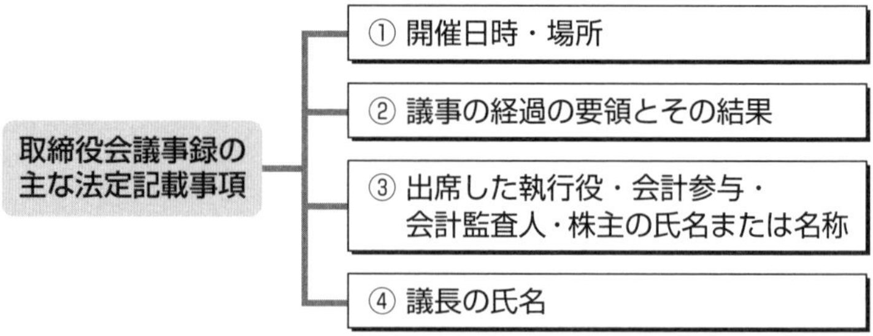

書式２　一般的な取締役会議事録例

取締役会議事録

令和○年８月１日午前10時45分より、東京都××区××五丁目２番１号○○ビル８階の本店第２会議室において取締役会を開催した。
出席取締役及び出席監査役
代表取締役社長 星光男、専務取締役　井田善治、取締役　丁原四郎
（当社取締役総数　３名中３名出席）
監査役　村田一郎（当社監査役総数１名中１名出席）

上記のとおり、取締役全員の出席があったので、本取締役会は適法に成立した。当社定款第○条の規定により代表取締役社長星光男は議長となり、開会を宣すると共に直ちに議事に入った。

〔決議事項〕

第１号議案　役付取締役選定の件

議長は、本日開催の臨時株主総会により丁原四郎が取締役として選任されたことに伴い、当社定款第○条の規定に基づき、井田善治を専務取締役から取締役副社長に、丁原四郎を専務取締役に選定したい旨を提案し、議場に諮ったところ、出席取締役は全員一致をもってこれを承認可決した。被選定者である井田善治及び丁原四郎は席上、その就任を承諾した。

第２号議案　株主総会及び取締役会の招集権者・議長の代行順位決定の件

議長は、当社定款第○条及び第○条に規定する代表取締役社長に差し支えがあるときの株主総会及び取締役会の招集権者・議長の代行順位を下記のとおりとしたい旨を提案し、議場に諮ったところ、出席取締役は全員一致をもって議長の提案どおり可決確定した。

記

代行順位１位	取締役副社長	井田	善治
同　　　２位	専務取締役	丁原	四郎

第３号議案 第三者割当による募集株式発行の件

議長は、本日開催の臨時株主総会の第○号議案の決議に基づき、下記の要領で募集株式を発行し増資を行いたい旨を提案し、議場に諮ったところ、出席取締役は全員異議なく原案どおり承認可決した。

記

〈第○号議案の募集事項の詳細については省略〉

〔報告事項〕

1．代表取締役社長星光男から職務執行の状況報告
　代表取締役社長星光男は別紙報告書（参考資料１）のとおり自己の職務執行の状況について報告した。

2．取締役副社長井田善治からの職務執行の状況報告
　取締役副社長井田善治は別紙報告書（参考資料２）のとおり自己の職務執行の状況について報告した。

議長は、以上をもって、全議案の審議及び報告を終了した旨を述べ、午前11時30分閉会した。

上記議事の経過並びに決議及び報告の内容を明確にするため、本議事録を作成し、議長及び出席取締役並びに出席監査役はこれに記名押印する。

令和○年８月１日

代表取締役については会社代表印を押印するのが望ましい

株式会社星光商事 取締役会

議　　長

代表取締役社長　星　光男　印（認印でも可）

取締役副社長　井田　善治　㊞

専務取締役　丁原　四郎　㊞

出席監査役　村田　一郎　㊞

書式３　取締役決定書例

取締役決定書

1．日　　　時　　令和○年５月27日　午後５時00分～午後５時30分

1．場　　　所　　東京都××区××五丁目２番１号　当社本店会議室

1．出席取締役　　星光男、井田善治、丁原四郎
（当会社取締役３名中３名出席）

1．決定事項　　上記取締役３名全員は、全員一致により以下の事項を決定した。

(1)　代表取締役選定の件

代表取締役星光男が、本日開催の第○回定時株主総会終結の時をもって取締役の任期満了となり、改選によって取締役に再選重任したことに伴い、当社定款第○条第○項の規定に基づき、改めて代表取締役に星光男を選定する。

なお、被選定者である星光男は席上代表取締役に就任することを承諾した。

(2)　役付取締役選定の件

本日開催の第○回定時株主総会によって取締役全員が改選されたことに伴い、当社定款第○条第○項の規定に基づき、改めて下記のとおり役付取締役を選定する。

記

代表取締役社長　　星　光男
取締役副社長　　井田　善治

専務取締役　　　丁原　四郎

なお、被選定者は席上その就任を承諾した。

⑶　株主総会の招集権者及び議長の代行順序決定の件

当社定款第○条に規定する株主総会の招集権者及び議長の代行順序は下記のとおりとする。

記

第一　取締役副社長　　井田　善治
第二　専務取締役　　　丁原　四郎

上記決定を証するため、本書を作成し、取締役全員が記名押印する。

令和○年５月27日

株式会社星光商事　　取締役決定書

代表取締役社長　　星　光男 

取締役副社長　井田　善治　　㊞

専務取締役　丁原　四郎　　㊞

書式４　取締役会議事録例（取締役会の決議を省略する場合）

取締役会議事録

当社取締役総数　　　　　　　　　　　３名
議決に加わることができる取締役数　　３名
当社監査役総数　　　　　　　　　　　１名

1．取締役会の決議があったとみなされた事項（付議事項）
　本店移転の件
　　当社定款第○条に基づき本店を下記のとおり移転する。

記

本店所在地：〒○○○－○○○○
　　　　　　東京都××区××七丁目８番９号
本店移転日（業務開始日）：令和○年７月31日

以上

1．上記提案をした取締役の氏名
　代表取締役　星光男

1．取締役会の決議があったとみなされた日
　令和○年７月７日

代表取締役星光男より、取締役会の付議事項として提案があった上記事項につき、会社法第370条及び当社定款第○条の規定に基づき、議決に加わることができる取締役の全員が書面により同意の意思表示を行い、異議を述べた監査役もいなかったため、令和○年７月７日をもって、当該提案を可決する旨の決議があったものとみなす。

1．議事録作成に係る職務を行った取締役の氏名

代表取締役　星　光男　（印（認印でも可））

代表取締役については会社代表印を押印するのが望ましい

書式５　取締役会における提案（決議省略のための提案書例）

取締役会決議省略のための提案書

令和○年７月１日

株式会社星光商事　取締役　各位

東京都××区××五丁目２番１号
株式会社　星光商事
代表取締役社長　星　光男

拝啓　ますますご清栄のこととお喜び申し上げます。

さて、会社法第370条及び当社定款第○条に基づき、下記付議事項をご提案申し上げます。

同意される方は、別紙の同意書に署名又は記名押印の上、令和○年７月６日までにご提出いただきますようお願い申し上げます。

なお、令和○年７月６日までに議決に加わることのできる取締役全員のご同意が得られた場合には、令和○年７月７日付けをもって下記付議事項を可決する旨の取締役会の決議があったものとみなされますことをあわせて申し添えます。

敬具

記

(付議事項)

1．本店移転の件

当社定款第○条に基づき本店を次のとおり移転する。

本店所在地：〒○○○－○○○○
東京都××区××七丁目８番９号

本店移転日（業務開始日）：令和○年７月31日

書式6　取締役会決議省略のための同意書例

取締役会決議省略のための同意書

株式会社星光商事
代表取締役　星　光男　殿

私は、会社法第370条及び当社定款第○条に基づき、貴殿より令和○年7月1日付「取締役会におけるご提案」に基づき提案された下記付議事項について異義なく同意いたします。

記

（付議事項）
1．本店移転の件
当社定款第○条に基づき本店を次のとおり移転する。

本店所在地：〒○○○－○○○○
東京都××区××七丁目8番9号
本店移転日（業務開始日）：令和○年7月31日

以上

令和○年7月3日
株式会社星光商事　取締役　崎岡　円蔵　㊞

6 監査役会のしくみと議事録の作成手順をおさえよう

取締役の不正行為に関する意見などを記載する

監査役の役割とは何か

監査役とは、取締役の違法な行為を是正・防止するために、取締役の職務の執行を監査する会社の機関です（会計参与も監査の対象となります）。取締役会も取締役の業務執行を監督する会社の機関ではありますが、同僚意識から十分なチェックが期待できません。そこで、会社法は監査役という監査専門機関を設け、取締役の職務の執行を監査させることにしています。監査役とは、取締役の違法な行為を是正・防止するために、取締役の職務の執行を監査する会社の機関をいいます。監査役による監査は、会計監査（会計業務についての監査）及び業務監査（会計業務以外の業務についての監査）に分類されます。

監査役は、大会社以外の非公開会社で会計参与を設置した会社、監査等委員会設置会社、指名委員会等設置会社を除いて、取締役会設置会社には必ず置かなければならない機関です。

監査役会とは

監査役会とは、監査役全員で構成される会社の機関です。主に大規模な会社において、監査役による監査を分担するなどして監査の実効性を高めようとすることを主眼としています。そのため、指名委員会等設置会社及び監査等委員会設置会社を除いた公開会社である大会社では、監査役会を設置しなければなりません。一方、監査役を設置できない指名委員会等設置会社及び監査等委員会設置会社では、監査役会の設置もできません。監査役会は３人以上の監査役で構成され、そのうちの半数以上は社外監査役でなければなりません。また、監査役会は、監査役の中から常勤の監査役（フルタイムで監査の職務に専念する監査役）を選定しなければなりません。監査役会の決議は、監査役の過半数の賛成で成立するのを原則とします。

監査役会議事録の法定記載事項

監査役会は、各監査役が招集することができ、監査役会を招集するには、各監査役に対して、監査役会の日の１週間前（定款の定めにより短縮は可能）までに招集通知を発することが必要です。監査役会を開催した場合には、監査役会議事録を作成することが義務付けられていますが、監査役会議事録に記載しなければならない事項は、会社法施行規則109条３項で定められています。主な法定記載事項は以下のとおりです。

・監査役会の開催日時・場所（テレビ電話システムなどの通信機器を利用して監査役会に出席した役員がいる場合はその出席方法）
・監査役会の議事の経過の要領とその結果（報告内容と決議事項）
・会社に著しい損害を及ぼすおそれのある事実があることを発見したことに関する意見や発言や、取締役の職務執行に関して不正行為または法令・定款に違反する重大な事実があるのを発見したことに関する意見や発言がなされた場合は、その内容の概要
・監査役会に出席した取締役・会計参与・会計監査人の氏名または名称
・議長がいる場合は、議長の氏名

なお、取締役・監査役・会計参与・会計監査人が、監査役全員に対して監査役会に報告しなければならない内容を通知した場合には、その内容を監査役会に報告する義務が生じません。この場合は、次の事項を監査役会議事録に記載することが必要です（会社法施行規則103条４項）。

・監査役会への報告が不要であるとされた事項の内容
・監査役会への報告が不要であるとされた日

・議事録の作成についての職務を行った監査役の氏名

具体的な記載方法について

書式７は一般的な監査役会議事録の書式例です。監査役会議事録についても、前述した法定記載事項を記載していれば、その様式は問いません。会社の実情に応じて、書式７を参考に議事録を作成してください。監査役会議事録の構成は以下のようになります。

①　開催場所や出席監査役などを記載する冒頭部分

監査役会は３人以上の監査役で構成され、そのうちの半数以上は、社外監査役でなければならないため、出席者の人数と共に誰が社外監査役であるかがわかるように記載します。

②　決議事項

開催する監査役会で決議する事項を記載します。「第１号議案 常勤監査役解職の件」「第２号議案 常勤監査役選定の件」といった見出しを記載した上で決議事項や決議の結果を記載します。

③　日付と議事の終了についての記載、出席監査役の押印

報告事項・決議事項の記載の後に、開催した日付と議事の終了について記載します。監査役会に出席した監査役は、監査役会議事録に署名または記名押印しなければなりません（押印は認印でかまいません）。

なお、書式７の監査役会議事録は、仮会計監査人（会計監査人が辞任した場合などに、株主総会開催まで、一時的に会計監査人の職務を行う者のことで、監査役会で選任することができます）を選任していますが、仮会計監査人の就任は登記する必要があります。この登記申請の際は、監査役会議事録が添付書類になります。

書式７　一般的な監査役会議事録例

監査役会議事録

１．開催日時
　令和○年７月８日（水曜日）午後５時00分
２．開催場所
　東京都××区××五丁目２番１号　当社本店会議室
３．出席者
　出席監査役　村田一郎（常勤監査役）、田中次郎（社外監査役）、
　　　　　　　鈴木三郎（社外監査役）、佐藤四郎（社外監査役）、
　監査役総数５名中４名出席（常勤監査役阿部五郎欠席）
　なお、社外監査役佐藤四郎は、東京都○○区○○一丁目２番３号○○会計事務所より、テレビ電話会議により出席。
　議事に先立って、テレビ電話会議システムは、出席者の音声が即時に他の出席者に伝わり、適時適格な意思表示が互いにできる仕組みとなっていることが確認された。
４．監査役会の議長
　常勤監査役　村田一郎
５．議事の経過の要領及びその結果

第１号議案　常勤監査役解職の件

　議長は、常勤監査役村田一郎が新たに○○株式会社の監査役に就任したため、当社の常勤監査役の職務に専念できなくなった旨を説明し、村田一郎の常勤監査役の職を解職したい旨を提案した。
　ついで、議長が本議案の可否を議場に諮ったところ、出席監査役は全員異議なく原案どおり承認可決した。

第２号議案　常勤監査役選定の件

　議長は、前号議案において常勤監査役村田一郎を解職したため、後任の常勤監査役を選定したい旨を述べ、議場に諮ったところ、監査役田中次郎から監査役鈴木三郎を常勤監査役に選任したい旨の提案があった。

ついで、議長がその提案の可否を議場に諮ったところ、出席監査役は全員異議なくこれを承認可決した。

なお、監査役鈴木三郎は、席上常勤監査役に就任することを承諾した。

第３号議案　仮会計監査人選任の件

議長は、会計監査人○○監査法人との契約が令和○年７月31日に解消されるため、同日より、下記の有限責任監査法人ＡＢＣを一時会計監査人の職務を行うべき仮会計監査人に選任したい旨を提案し、議場に諮ったところ、出席監査役は全員異議なくこれを承認可決した。

記

法人名称：有限責任監査法人ＡＢＣ
主たる事務所の所在地：東京都××区××五丁目５番５号○○ビル５階

以上をもって本日の議事をすべて終了したので、議長は午後５時30分閉会を宣した。

上記の議事の経過及び結果を明確にするため、この議事録を作成し、出席監査役全員がこれに記名押印する。

令和○年７月８日
株式会社星光商事　監査役会
議長　出席監査役
常勤監査役　　村田　一郎　㊞

出席監査役
社外監査役　　田中　次郎　㊞

同　　鈴木　三郎　㊞

同　　佐藤　四郎　㊞

7 押印方法について知っておこう

契印や訂正印は議事録作成において重要な役割を果たす

会社で使う印鑑の種類

議事録の作成や登記申請をする場合などに重要になるのが印鑑の知識です。押印により、押印した文書が押印した者の意思に基づいて作成されたことが証明されます。重要書類については、第三者による改ざんを防ぐために印鑑に対する知識が必要です。

個人が市役所・区役所などに実印の登録ができるように、会社の代表者も管轄法務局に印鑑を届け出ることが可能です。一般に法務局に届け出た印鑑を会社代表印、会社届出印、会社実印などといいます。会社代表印としては丸印（丸い印鑑）を届け出るのが一般的です。登記申請をする際や不動産の売買など重要な取引をする際に、会社代表印の押印が求められます。また、資本金の額の計上に関する証明書など、会社代表印の押印が義務付けられる書類や、代表取締役を選定する取締役会議事録に会社代表印を押印するケースもあります（228ページのコラム参照）。

一方、会社代表印以外の印鑑は一般的に認印と呼ばれ、会社代表印と区別されます。会社代表印を押印するのは抵抗がある場合は、数種類の印鑑をケースに応じて使い分けるとよいでしょう。その他にも、会社の銀行口座を作るときに銀行に届け出る銀行印、役員などの役職にある者が職務上使用する役職印、社会保険関係の手続きの際に使用する社会保険印、領収書や請求書に押印するときに使用する角印など、会社では用途によって印鑑を使い分けるのが一般的です。

①　訂正印

印鑑は、通常署名や記名の後ろや下に押されるものですが、特殊な使い方がされることもあります。「訂正印」「捨印」「契印」「割印」「消印」と呼ばれる押印方法です。「訂正印」は、文書に記載された文字を訂正するときに用います。文書を作成した当事者自らの手により訂正されていることを証明するために押印されるものです。

押印されている文書を訂正するときは、まず訂正する文字に線を引いて削除します。次に、縦書きの場合はその右に、横書きの場合はその上に、それぞれ正しい文字を書き加えるのが一般的です。そして、線を引き削除した部分に直接当事者全員が押印します。この際、なるべく文字削除のために引いた線の上に重ねて押印するようにしましょう。なお、当事者全員の押印については、欄外に「２字削除、１字加入」などと記入して、訂正部分に合意する意味で、文書に押印する当事者全員の訂正印を押印するという方法でも問題ありません。

議事録においても、その記載に誤りがあった場合は、文字に線を引いて訂正した上で、訂正箇所に当事者全員が押印するか、または訂正箇所のあるページの欄外余白に当事者全員が訂正印を押印して「○字削除、○字加入」などと記載します。訂正印については、その書類に押印する者すべての押印が必要です。たとえば、取締役会議事録の記載を修正する際に、代表取締役以外にも出席取締役がいる場合は、その取締役も全員押印することが必要です。

② **捨印**

作成し、押印した文書に対して、訂正印を事前に押印しておくことを一般的に捨印といいます。

捨印については、押印後に文書の中の文字を訂正する必要が出てきたときのために、文字を訂正してもよいという許可を前もって出しておく場合に使用されます。文書に押印した当事者全員が、その文書の欄外に捨印を押印しておくことで、後に訂正印の押印がなくても文書の訂正ができるようになります。登記申請に使用する議事録などに捨印を押印しておくと、語句の訂正があったときに便利ですが、第三者に文書の内容を改変されるおそれもありますので、注意が必要です。安易な捨印の押印は後日の争いの元になる可能性もありますので、重要な書面などにはなるべく捨印を押さないようにするべきです。

③　契印

作成した文書が複数のページからできている場合において、すべてが一体の文書であることを証明する目的や、作成後の不正なページの差換え・改ざんを防止する目的から、綴じ目をまたいで当事者全員が押印をすることを契印といいます。一般的には「割印」とも呼ばれ

■ 契約印の押し方

①契印と割印

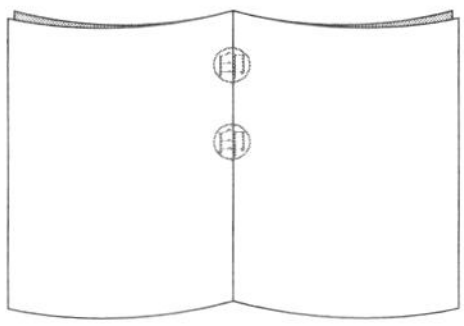

契印

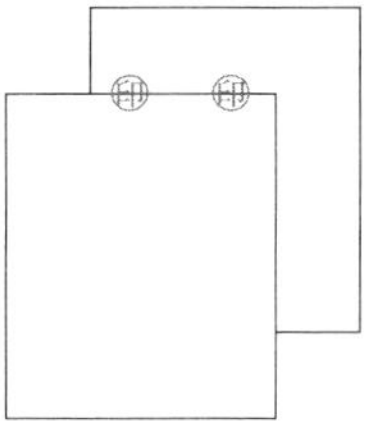

割印

②捨印

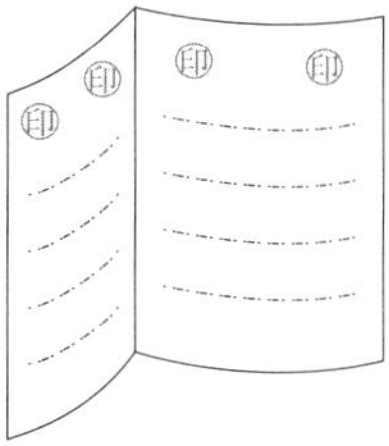

③訂正印

訂正する文字の上に二本線を引き、上部に正しい文字を記入する場合

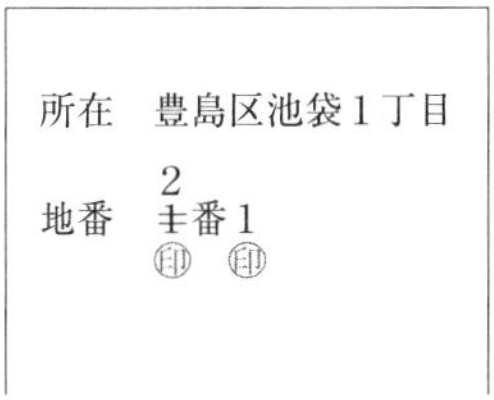

訂正する文字の上に二本線を引き、上部に正しい文字を記入した上で、欄外に「削除２字」「加入１字」と記載する場合

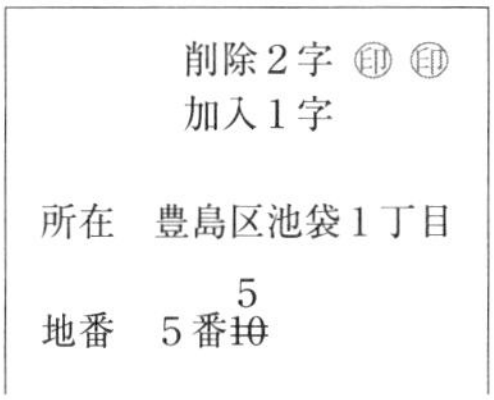

訂正した文字をカッコでくくり、これに押印する場合

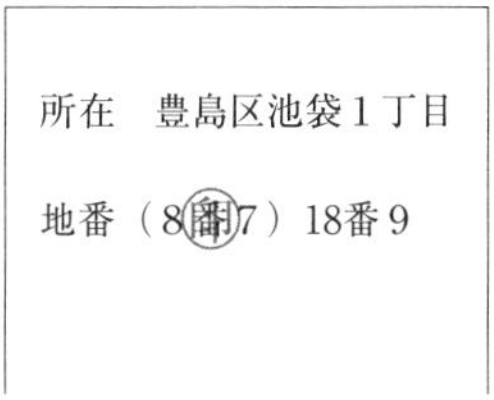

ますが、本書では後述する「割印」と区別して説明します。

契印の方法として以下の２通りの方法を紹介します。

・各ページの綴り目に契印を押印する方法

複数枚をホチキスで止め、各ページの綴り目にまたがるように、文書に押印すべき当事者全員で押印します。これによって、たとえば、議事録の１枚目だけを不正に差し換えられることを防止できます。

・袋綴じをして、のりづけ部分に契印を押印する方法

複数枚をホチキスで止めた後、背の部分を別紙でつつんでのりづけします（これを一般に製本といいます）。そして、のりづけの境目に文書に押印すべき当事者全員で押印をします。製本されたすべてのページに契印を押印したことと同様の効果が得られますので、文書のページ数が多い場合などに便利です。

④　割印

書類の正本と副本を作成するとき、または同じ書類を２通以上作成して、複数人数でそれぞれ１通ずつ保管しておくような場合は、割印を用います。割印とは、２通の書類の両方にまたがるように押印することです。割印をすることで、書類が同一のものであるか、または何らかの関連性があることが明らかになります。また、２通以上の書類に割印が押されていると、それらが同時に作成されていることも推定されます。書類の差換え・改ざんを防ぐという意味で、割印は効果的な方法です。

割印では、書類を下図のように重ねて当事者全員の印で押印をするのが一般的です。なお、割印については、実務上、必ずしも文書に押印した印鑑によらなくてもよいとされています。

⑤　消印

書面に収入印紙の添付が必要になる場合に、書面に貼付された印紙と書面とにまたがって押印することを消印といいます。書面が印紙税法上の課税文書である場合、当事者は納税のため、書面に所定額の収入印紙を貼付して、消印をするのが一般的です。なお、消印は必ずしも文書に押印した印鑑によらなくてもよいとされていますが、慣例として文書に押印した印鑑を使用するのが通常です。

会社の印鑑証明書の取得方法

会社も法務局に届け出ている印鑑について、印鑑証明書の交付を受けることができます。印鑑証明書の交付を受けるためには印鑑カードが必要です。印鑑カードは会社の本店所在地を管轄する法務局で交付を受けることができます。印鑑カードさえあれば、管轄法務局以外の法務局でも、印鑑証明書交付申請書に必要事項を記入して印鑑カードと一緒に提出することで、印鑑証明書の取得が可能です。印鑑証明書の取得に必要な手数料は１通450円で、収入印紙を交付申請書に貼付して納付します。「印鑑カード交付申請書」「印鑑証明書交付申請書」はいずれも各法務局に備え付けられています。なお、印鑑証明書は印鑑カードを持参すれば、代理人でも取得することが可能です。

会社代表印・印鑑カードの紛失や盗難被害に遭った場合の手続き

会社代表印・印鑑カードの紛失や盗難被害に遭った場合は、悪用されるおそれがありますので、直ちに管轄法務局に「廃止届」を提出し、会社代表印を無効にする、印鑑証明書を取得できなくするなどの措置をとるべきでしょう。「印鑑・印鑑カード廃止届書」は各法務局に備え付けられています。「廃止届書」には会社代表印を押印する必要がありますが、会社代表印を押印できない場合は、代表取締役などの個人実印の押印および個人実印の印鑑証明書の添付が必要になりますので注意しましょう。

8 令和元年会社法改正の概要を知っておこう

会社をめぐる社会経済情勢の変化に合わせた改正が行われた

どうして会社法が改正されたのか

これまでにも、会社法はコーポレート・ガバナンス（企業統治）の強化などを目的とする改正が行われてきました。そこでは、企業の不祥事の増加などを背景に、主に企業経営の監視・監督機能の強化が課題になってきました。

令和元年12月４日に成立（同11日に公布）した会社法改正では、社会経済情勢の変化をふまえ、引き続きコーポレート・ガバナンスの強化を目的とする改正が行われました。その他にも、企業の生産性向上のための合理化などを目的としてさまざまな改正が行われました。改正法は、原則として公布日から１年６か月以内に施行される予定です（電子提供制度については、３年６か月以内に施行される予定です）。改正事項は、大きく分けて、次ページ図のようになっています。以下、ポイントになる改正について、見ていきましょう。

・株主総会資料の電子提供制度の新設

従来は、株主総会資料をウェブサイトでの公開や電子メールの送信等により提供するためには、株主の個別の同意が必要でしたが、定款で定めることにより、個別の同意を得ることなく行うことが可能になりました。

・株主提案権の濫用的な行使を制限するための措置の整備

株主提案権の濫用的な行使を制限するために、株主が提案可能な議案の数が、原則として10に制限されます。なお、株主総会の円滑化のために、改正法案においては、企業側の判断で株主総会の株主提案を制限できる項目が盛り込まれていました。しかし、会社側の恣意的な判断により、株主提案権が不当に制限されるおそれがあることから、令和元年の法改正では、この項目に関する改正は見送られています。

・**議決権行使書面の閲覧謄写請求拒絶要件の明文化**

株主による議決権行使書面の閲覧謄写請求の拒絶要件が明文化されました。具体的には、株主による議決権行使書面の閲覧謄写請求が、自らの権利の行使などに関する調査以外の目的や、株式会社の業務の遂行を妨害する目的でなされた場合などには、株式会社はその請求を

■ 改正の概要と施行スケジュール

<table>
<tr><th>改正事項</th><th>施行日</th></tr>
<tr><td>①株主総会資料の電子提供制度の新設</td><td>公布の日から３年６か月を超えない範囲で施行</td></tr>
<tr><td>②株主提案権の濫用的な行使を制限するための措置の整備</td><td rowspan="9">公布の日から１年６か月を超えない範囲内で施行</td></tr>
<tr><td>③取締役の報酬等に関する規定の見直し</td></tr>
<tr><td>④補償契約に関する規定の新設</td></tr>
<tr><td>⑤役員等賠償責任保険契約に関する規定の新設</td></tr>
<tr><td>⑥業務執行を社外取締役に委託する場合の規定の整備</td></tr>
<tr><td>⑦社外取締役の設置の義務化に関する規定の整備</td></tr>
<tr><td>⑧社債の管理に関する規定の見直し</td></tr>
<tr><td>⑨株式交付制度の新設</td></tr>
<tr><td>⑩責任追及等の訴え（株主代表訴訟）における和解に関する規定の整備</td></tr>
<tr><td>⑪議決権行使書面の閲覧に関する規定の見直し</td><td rowspan="2">原則、公布の日から１年６か月を超えない範囲内で施行
一部、公布の日から３年６か月を超えない範囲で施行</td></tr>
<tr><td>⑫会社の登記に関する規定の見直し</td></tr>
<tr><td>⑬取締役の欠格事由に関する規定の見直し</td><td>公布の日から１年６か月を超えない範囲内で施行</td></tr>
</table>

拒否できると明文化されています。

・補償契約・保険契約に関する規定の新設

取締役などの役員等が、十分に力を発揮して職務にあたることを保障するために、役員等が損害賠償請求などの対象となるリスクに備えるための補償契約や役員等賠償責任保険契約に関する規定が整備されました。

・社外取締役の設置の義務化等に関する規定の整備

取締役と株式会社との利益が相反する状況にある場合に、社外取締役に業務執行を委託することが可能になりました。また、監査役会設置会社の一部について社外取締役の選任が義務付けられました。

・社債の管理に関する規定の見直し

株式会社の社債を管理する者として、会社法は社債管理者の制度を設けています。しかし、社債管理者は責任が重く、銀行などに資格が制限されており、社債管理者を置くコストが高いことなどから、株式会社は設置に消極的です。そこで株式会社は、より資格が緩やかに認められている社債管理補助者を置くことにより、社債管理に関する事務の一部を委託することが可能になりました。

・株式交付制度の新設

他の株式会社を子会社化する際に、子会社化する会社の株式を譲り受け、対価として、自社の株式を交付するための手続きが整備されました。

・会社の登記に関する規定の見直し

株式会社は、支店を設立した場合などに、支店の所在地において、支店の所在場所などについて登記しなければなりませんでした。しかし本店に関する登記事項とは別に、支店の所在地において登記を行う実務上の意味が小さいことから、支店の所在地における登記に関する規定が削除されました。

第２章

商業登記のしくみと申請手続き

1 商業登記にはどんな種類があるのか

登記の主体によって分類される

商業登記とは

登記とは不動産に関する権利関係や会社の重要事項などについて、法務局（登記所）という国の機関に備え付けられている登記簿に登載して公示することをいいます。会社に関する登記を商業登記といいます。株式会社において登記をしなければならない事項は、会社法等の法令で定められています（会社法911条３項、商業登記規則別表５）。

登記されている事項に変更があった場合や、新たに登記すべき事項が発生した場合には、実体と登記を一致させるために、管轄法務局に登記の申請をする必要があります。たとえば、会社の商号（社名）、本店所在地（住所）、取締役（代表取締役）、定款などを変更した場合には、その登記をします。

一方、発行した社債の金額や取締役の報酬といった事項については、登記事項とはされていないため、社債を発行したり、取締役の報酬額を変更したとしてもその登記は不要です。

主な登記事項は59ページのとおりです。株主総会や取締役会などで決議を行った後は、「登記事項に変更がないか」「新たな登記事項が発生していないか」をきちんと把握し、登記申請を忘れないようにしましょう。登記の申請をした後、数日から約２週間程度で登記は完了します。法務局の込み具合によって期間は変動するので、期間を知りたい場合は管轄の法務局に登記の終了時期を問い合わせるとよいでしょう。また、変更登記を行っている期間は登記事項証明書、印鑑証明書の発行ができませんので、この点にも注意しましょう。

なお、「法務局」「登記所」の用語については、混乱を避けるため、本書の中では必要がある場合以外は、「登記所」ではなく「法務局」という言葉を使います。

登記の主体の違いにより分類できる

商業登記にはその主体によって９種類の登記が商業登記法上定められています。会社には株式会社、合名会社、合資会社、合同会社の４種類がありますが、これら会社の登記の他に、個人商人が行う登記や外国会社の登記があります。

登記の種類を知ることは登記を確認する上で必要なことですから、基本的な事柄について説明しておきましょう。

①　商号の登記

個人事業主が行う商号の登記で、商号登記簿になされます。

商号の登記をすることにより、他人が同一の営業場所で同一の商号を登記することを防ぐことができ、自分の商号の保護に役立てることができます。

②　未成年者の登記

民法では、未成年者が売買などの法律行為を行うには法定代理人の同意が必要であり、同意を得ないでした法律行為は取り消すことができると規定されています。

しかし、法定代理人（通常は親）から営業を許された場合には、その営業に関する法律行為を未成年者は単独で有効に行うことができるようになります。そのことを公示するために行われるのが未成年者登記で、未成年者登記簿になされます。

③　後見人の登記

後見人とは、親権を行う者がいない未成年者を保護する者または成年者で後見開始の審判があった者を保護する者のことです。後見人が未成年者など被後見人のために営業をする場合に、その事実を公示するための登記が後見人登記です。未成年者本人が営業をすることを公示する未成年者登記とは違い、本人のために後見人が営業を行うということを示す登記です。後見人登記簿に登記されます。

④　**支配人の登記**

支配人とは、支店長など営業について営業主を代理する権限を持つ者のことで、そのことを公示するために行う登記が支配人登記です。個人商人の支配人については、支配人登記簿に登記されます。会社の支配人は、会社の登記簿に記載されます。

⑤　**株式会社の登記**

株式会社についての登記で、株式会社登記簿になされます。株式会社が成立するためには、株式会社の設立登記が必要です（会社法49条)。会社成立後、登記すべき事項が発生した後、所定の期間（本店所在地では２週間、支店所在地では３週間）を過ぎて登記申請をすると100万円以下の過料が科されることがあります。

⑥　**合名会社の登記**

合名会社についての登記で、合名会社登記簿になされます。合名会社とは、社員が会社債権者に対して無限責任を負う会社です。

⑦　**合資会社の登記**

合資会社についての登記で、合資会社登記簿になされます。合資会社は、会社債権者に対して無限責任を負う社員と有限責任しか負わない社員とで構成されます。

⑧　**合同会社の登記**

合同会社についての登記で、合同会社登記簿になされます。合同会社の社員は、有限責任社員のみで構成されます。

⑨　**外国会社の登記**

外国会社についての登記で、外国会社登記簿になされます。日本における代表者が外国会社を代表し、営業所設置などの登記申請を行います。

■ 株式会社の登記事項の概要

① 目的
② 商号
③ 本店・支店の所在場所
④ 株式会社の存続期間と解散の事由について定款に定めているときは、その定め
⑤ 資本金の額
⑥ 発行可能株式総数
⑦ 発行する株式の内容
⑧ 単元株式数についての定款の定めがあるときは、その単元株式数
⑨ 発行済株式の総数とその種類、種類ごとの数
⑩ 株券発行会社であるときは、その旨
⑪ 株主名簿管理人を置いたときは、その氏名（名称）と住所、営業所
⑫ 新株予約権に関する事項
⑬ 取締役の氏名
⑭ 代表取締役の氏名及び住所（指名委員会等設置会社の場合を除く）
⑮ 取締役会設置会社であるときは、その旨
⑯ 会計参与設置会社であるときは、その旨、会計参与の氏名（名称）と計算書類などの備置場所
⑰ 監査役設置会社であるときは、その旨、監査役の氏名
⑱ 監査役会設置会社であるときは、その旨、監査役のうち社外監査役であるものについて社外監査役である旨
⑲ 会計監査人設置会社であるときは、その旨、会計監査人の氏名（名称）
⑳ 一時会計監査人の職務を行うべき者を置いたときは、その氏名（名称）
㉑ 特別取締役による議決の定めがあるときは、その旨、特別取締役の氏名、取締役のうち社外取締役であるものについて、社外取締役である旨
㉒ 指名委員会等設置会社であるときは、その旨、取締役のうち社外取締役である者について、社外取締役である旨、各委員会の委員及び執行役の氏名、代表執行役の氏名及び住所
㉓ 監査等委員会設置会社であるときは、その旨、監査等委員である取締役とそれ以外の取締役の氏名、社外取締役である旨、重要な業務執行の決定の全部又は一部を取締役へ委任することができる旨の定款の定めがあるときは、その旨
㉔ 取締役、会計参与、監査役、執行役又は会計監査人の責任の免除についての定款の定めがあるときは、その定め
㉕ 非業務執行取締役等が負う責任の限度に関する契約の締結についての定款の定めがあるときは、その定め
㉖ 監査役の監査の範囲を会計に関するものに限定する旨の定款の定めがあるときは、その定め
㉗ 貸借対照表の公告をホームページなどで行うときはそのＵＲＬ
㉘ 公告方法に関する事項
㉙ 電子公告に関する事項
㉚ 電子提供措置をとる旨の定款の定めがあるときは、その旨

2 商業登記の分類について知っておこう

5つに分類することができる

登記の事由の違いにより分類できる

登記する事由の違いによって分類すると、以下のように分けられます。

① **独立の登記**

会社の設立登記や商号新設の登記、未成年者の登記など、はじめて登記簿を作成する場合に行われる登記です。当事者の申請により新しく登記簿が作成されます。

② **変更の登記**

商号や目的の変更登記、役員変更登記など、一度登記した事柄について、その後変更が生じた場合に行われる登記です。営業主や代表取締役が申請を行います。

③ **更正の登記**

すでに登記されている事項について誤りがあった場合や、登記事項が抜けていた場合に、実体にあわせるために行われるのが更正の登記です。役員の名前が間違っていたり、目的の記載を誤ってしまった場合などにそれを修正するために行われます。当事者が更正登記を申請する場合もありますが、登記官が職権で更正を行うこともあります。

登記官が職権で登記を更正するのは、登記の誤りや抜けが、登記官の間違いで生じたときに、登記官が監督法務局または地方法務局の長の許可を得た上で、登記を更正する場合です。

なお、登記官の間違いによる登記の更正にあたっては、登録免許税を納付する必要はありません。

④ **抹消の登記**

登記した事柄について実体がない場合や、登記した事柄が無効な場合にその登記を抹消するために行う登記です。法務局の管轄を間違えて行われた登記を抹消する場合や本来登記できない事柄が登記されているためにそれを抹消する場合などもあります。当事者が抹消登記を申請する場合と、登記官が職権により抹消する場合があります。

登記官が職権で抹消する場合には、管轄違い（申請を受けた登記所にその申請を受け持つ管轄権がない場合のこと）や申請する登記がすでに登記されている場合などがあります。この場合、登記官は一定の手続きを経た上で抹消します。

⑤　消滅の登記

登記されている事柄について実体が消滅した場合に行われます。個人商人の商号廃止の登記、会社の清算結了の登記などがこれに該当します。登記簿は閉鎖され、閉鎖登記簿として法務局に保管されます。登記簿自体が消滅してしまうわけではありません。

■ 主な商業登記手続き

会社の設立登記		株式会社や合名会社などの会社を設立する場合に行う登記。商号や事業目的、本店所在地、役員名などを記載
会社の変更登記	商号変更	会社名を変える場合に行う登記
	目的変更	事業目的を変える場合に行う登記
	本店移転	本店の所在地を変える場合に行う登記
	役員変更	取締役などの役員が変わった場合に行う登記
その他		合併や解散の登記などがある

3 商号区と株式・資本区の見方を知っておこう

登記簿で会社の履歴を知ることができる

商号区と株式・資本区で会社の規模や歴史を調べる

商業登記制度は、会社法等の法令に従い、株式会社に関する取引上重要な事項を登記簿に記載し、これを一般に公開することで、取引の相手方を保護して取引の安全と円滑を図ると共に、株式会社という事業者自身の信用を保持することを、その目的としています。

そのため、商業登記簿を見れば、取引相手となる株式会社の履歴や事業内容、資本金など重要事項について知ることができます。

商業登記簿の見方ですが、株式会社の登記簿は、「商号区」「株式・資本区」など「区」に分かれています。

商号区には、「商号」（会社名）や「本店」などが記載されています。

ここを見れば、どこの何という会社の登記簿かがわかるわけです。商号区にはこの他に、決算公告等一定の事項について公開するときの掲載場所を記した「会社の公告方法」及び「会社の成立年月日」などが記載されています。株式・資本区には、「発行可能株式総数」「発行済株式の総数並びに種類及び数」「株券発行会社である旨」「資本金の額」などが記載されています。

商号変更や本店移転があった場合や、資本金が増加・減少したなどの変更があった場合には、商号区や株式・資本区にその旨が記載されます。このような場合、旧商号や旧本店などに下線が引かれてその下に新商号や新本店が記載され、変更の年月日も記載されますので、登記簿を確認することにより、いつ、どのような変更がされたかがわかります。ただし、本店（本社）移転の場合、管轄法務局が変わると登記簿は閉鎖され、移転先の管轄法務局に新しい登記簿が作成されます。そのことは「登記記録に関する事項」を確認することでわかります。その欄に旧本店の所在地と移転年月日が記載されています。

また、登記簿が設立や組織変更により作成されたのであれば、「登記記録に関する事項」にその旨が記載されています。

なお、商業登記簿には、すべての区が記載された全部事項証明書（謄本）と、全部事項証明書から必要な区だけを抜粋した一部事項証明書（抄本）があります。この他に現在の登記内容を記した現在事項証明書、現在と過去３年分の履歴を記載した履歴事項証明書、３年以上前の情報や、本店移転などにより閉鎖された登記内容を記した閉鎖事項証明書があります。新たな取引先となる株式会社について調べる場合には、履歴事項の全部事項証明書を取得するようにしましょう。

■ 商号区（登記事項証明書の記載）……………………………

商　号	株式会社永松商事
本　店	東京都練馬区南大泉○丁目○番○号
公告をする方法	官報に掲載してする
会社成立の年月日	令和２年１月９日

■ 株式・資本区（登記事項証明書の記載）……………………

単元株式数	50株
発行可能株式総数	10万株
発行済株式の総数並びに種類及び数	発行済株式の総数 １万株
株券を発行する旨の定め	当会社は、株式に係る株券を発行する 令和２年１月10日変更　令和２年１月15日登記
資本金の額	金５億円
株式の譲渡制限に関する規定	当会社の株式を譲渡するには、取締役会の承認を得なければならない。

4 目的区・役員区・支店区の見方を知っておこう

誰が代表権を持っているのかを確認できる

目的区で会社の事業目的を調べる

目的区には会社の目的、つまり会社の事業目的、事業内容が記載されています。どのような事業を行っている会社なのか、目的区を確認することでわかるのです。

通常、目的は複数記載されていますが、上部に記載されているものがその会社の主力の事業である場合が多いようです。目的は、その会社の定款にも規定されています。定款に記載されていない事業をその会社の目的にすることはできません。そのため、当面は予定していない事業でも、目的として定款に記載している場合がありますが、目的に統一性がない場合や目的と取引内容が一致しない場合には、取引先等から不信感を抱かれるおそれがあるため、目的を定める場合には注意が必要です。

役員区で会社の代表者などの役員を調べる

取締役、代表取締役、監査役について記載は役員区にされています。誰が取締役で代表権は誰が持つのかなど、取引を行う際に重要となる事項が、この役員区には記載されていますので、よく確認しましょう。

株式会社には、取締役を１人または２人以上置かなければなりません。ただし、取締役会を設置した会社では、取締役を３人以上置かなければなりません。

取締役会を設置していない会社（取締役会非設置会社）では、２人以上の取締役がいたとしても、各取締役が会社を代表するのが原則です。この場合、役員区には取締役として氏名が記載されると共に、代表取締役としても住所・氏名が登記されます（代表取締役を設置していないにもかかわらず、「代表取締役」という資格で登記されることに注意してください）。

ただし、取締役会非設置会社でも定款や株主総会で代表取締役を置いた場合には、代表取締役である者のみについて住所・氏名が登記されます（代表取締役ではない取締役については氏名のみが登記されます）。

この他、役員区には、監査役や会計監査人を置いている場合に、これらの役員の氏名（会計監査人が法人の場合は名称）が登記されます。監査役の監査の範囲を会計監査権に限定する旨の定款の定めがある会社（監査役会及び会計監査人を設置していない非公開会社）では、役員区に監査役の氏名の他、「監査役の監査の範囲を会計に関する旨の定款の定めがある」旨が登記されます。

会計参与を置いた場合には、その氏名または名称の他、計算書類等の備置場所が登記されます。

さらに、監査等委員会設置会社の場合、役員区には「取締役・監査等委員」「取締役・監査等委員（社外取締役）」「取締役」「取締役（社外取締役）」とその氏名が登記されます。また、重要な業務執行の決定の取締役への委任についての定款の定めがある場合には、その旨

■ 目的区（登記事項証明書の記載）……………………………

目　的	1　不動産の売買、賃貸、仲介及び管理 2　宅地建物取引業 3　不動産の鑑定業務 4　貸会場の経営 5　ビルメンテナンス業 6　前各号に附帯する一切の業務

が「会社状態区」に登記されます。

指名委員会等設置会社では、「取締役」「取締役（社外取締役）」「監査委員」「報酬委員」「指名委員」「執行役」とその氏名が登記され、「代表執行役」については住所と氏名が登記されます。

役員区には前述のような住所・氏名の他に、それぞれの役員が役員となった原因（就任若しくは重任）と就任年月日、または退任原因と退任年月日が役員区に記載されています。

他に、役員区に登記される事項として、会社の解散における清算人の住所・氏名や会社更生法による手続きが開始された場合の管財人の住所・氏名などがあります。

なお、非業務執行取締役等と会社との間に責任限定契約を締結できる旨の定款の定めがある会社については、「役員責任区」にその旨が登記されることになります。

■ 役員区（登記事項証明書の記載）……………………………

役員に関する事項	取締役　　甲野太郎	令和２年１月２９日重任
		令和２年２月５日登記
	取締役　　乙野次郎	令和２年１月２９日重任
		令和２年２月５日登記
	取締役　　丙野三津子	令和２年１月２９日重任
		令和２年２月５日登記
	東京都世田谷区瀬田○丁目○番○号 代表取締役　　甲野太郎	令和２年１月２９日重任
		令和２年２月５日登記
	監査役　　丁田史郎	令和１年１月２５日重任
		令和１年１月２８日登記
	会計監査人　猪野監査法人	令和２年１月２９日重任
		令和２年２月５日登記

会社状態区には会社の存続についての情報も記載されている

登記簿には、会社状態区という区があります。

ここには、「存続期間の定め」「解散の事由の定め」「取締役会設置会社である旨」「設立の無効」「特別清算に関する事項」などが記載されます。大まかに言って、会社状態区に記載される事項は、他の区に劣らず、株主や会社債権者にとって重要な事項だといえます。

登記簿を調べる際には、会社状態区の記載に注意して見るようにしましょう。

支店区は支店を設置している場合に作成される

支店を設けている会社は支店についても登記を行います。支店区には支店の所在地が記載されています。

この場合、登記簿は本店所在地の管轄法務局だけでなく、支店所在地の管轄法務局にも設置されています。ただし、支店所在地の法務局には、商号、本店所在地、支店所在地しか登記されていないので、詳しい登記内容を調べるには、本店所在地の法務局での登記の内容を調べる必要があります。

■ 会社状態区（登記事項証明書の記載）

取締役会設置会社に関する事項	取締役会設置会社 平成17年法律第87号第136号の規定により平成18年5月1日登記
監査役設置会社に関する事項	監査役設置会社 平成17年法律第87号第136号の規定により平成18年5月1日登記
監査役会設置会社に関する事項	監査役会設置会社 平成18年8月25日登記
会計監査人設置会社に関する事項	会計監査人設置会社 平成18年8月25日登記

5 登記事項要約書を取得するにはどうしたらよいのか

管轄の法務局で申請する

登記の内容はどうやって調べるのか

現在では、法務局のすべてがコンピュータ化されています。つまり、登記簿は磁気ディスクで作成されていますので、登記簿を直接見て登記の内容を調べることはできません。そのため、登記簿を閲覧する代わりに登記事項要約書の交付を受けることで、登記の内容を調べます。

しかし、登記事項要約書は登記の内容を証明するものではありませんので、証明書がほしい場合には、履歴事項全部証明書、現在事項全部証明書などの登記事項証明書を取得します。

まず管轄法務局を調べる

登記事項要約書は、どの法務局でも取得できるわけではありません。調べたい会社を管轄している法務局でなければ、その会社の登記事項要約書は発行されません。まずは管轄の法務局を調べてみましょう。

その後、管轄する法務局に行って登記事項要約書交付の申請をします。法務局に、通常「会社法人用 登記事項要約書交付 閲覧 申請書」という用紙が置かれていますので、この申請書に自分の住所、氏名、商号（会社名）、本店（本社所在地）などを記入し、必要事項をチェックして窓口に提出します。

なお、登記事項要約書交付の手数料は１通あたり450円です。この手数料は現金ではなく、収入印紙または登記印紙を申請書に貼って納めます。収入印紙は、通常、法務局の建物の中または法務局の近くにある売店で販売しています（登記印紙は販売していません）。

登記事項要約書交付申請書には、調べたい会社の「会社番号」を記入する欄があります（通常、「会社法人等番号」と記載されています）。この会社番号とはコンピュータ処理をするために、各会社につけられている背番号のようなものです。

ただ、会社番号は絶対に記載しなければならないというものではなく、会社番号を記入したほうが交付時間が短縮されるという意味をもつものです。会社番号がわからない場合にどうすればよいかについては、法務局の窓口で聞いてみてください。

請求できるのは「3つの区」まで

登記事項要約書を請求する際に注意してほしいことは、登記簿の区のうち、3つの区までしか請求できないということです。つまり、株式・資本区、目的区、役員区、支店区の4つの区が載った登記事項要約書がほしいと思っても、1通の登記事項要約書だけでは不可能であり、この場合は、登記事項要約書2通に分けて請求しなければならないことになります。

商号・名称区と会社・法人状態区は、特に請求しなくても登記事項要約書に記載されます。つまり、株式・資本区、目的区、役員区の3つの区の登記事項要約書を申請すると、これら3つの区に加えて商号区と会社状態区が記載された登記事項要約書を取得できることになります。

なお、4つ以上の区が記載された登記事項要約書を取得すると、その手数料は2通で合計900円となります。

一方、現在事項全部証明書はすべての区について記載され、手数料は600円ですので、通常は、4つの区以上について調べたい場合には、現在事項全部証明書を申請したほうがよいでしょう。

6 登記事項証明書を取得するにはどうしたらよいのか

さまざまな登記事項証明書がある

登記事項証明書には多くの情報が記載されている

会社についてある程度のことを調べたい場合には、登記事項要約書を取得すれば足りることも少なくないでしょう。しかし、登記事項要約書では、商号・名称区、会社・法人状態区以外の区については、1通で3つの区しか請求できません。4つ以上の区について調べたい場合には、2通以上の登記事項要約書を取得する必要があります。また、登記事項要約書は証明書にはなりません。

そこで、ある程度以上の規模の会社について、その全体的なことを知りたい場合や後々その会社の登記内容についての証明書が必要になることが予想される場合には、登記事項証明書を取得したほうがよいでしょう。

登記事項証明書とは、磁気ディスクで作成された登記簿の内容を紙にプリントアウトし、登記官による認証文が記され、認証印が押印されているものです。登記事項証明書は、登記簿謄本とは異なり、データとして管理されていることから、取得したい会社の本店を管轄する法務局へ行かなくても、最寄りの法務局で取得することができ、またオンラインでの交付申請も可能です。法務局へ出向いて登記事項証明書の交付を申請する場合、法務局に据え置かれている登記事項証明書交付申請書（77ページ）に自分の住所、氏名、商号（会社名)、本店（本社所在地）などを記入し、必要事項にチェックを入れて窓口に提出します。

なお、登記事項証明書交付の申請書には、調べたい会社の「会社番号」を記入する欄があります（通常、「会社法人等番号」と記載されています)。この会社番号とは、コンピュータ処理をするために、各会社につけられている背番号のようなものです。ただ、会社番号は絶対に記載しなければならないというものではなく、記入したほうが交付時間が短縮されるという意味をもつものです。

手数料は登記事項証明書１通につき600円です。手数料は収入印紙または登記印紙で納めます。

申請書に収入印紙または登記印紙を貼って窓口に提出してもかまいませんし、とりあえずは申請書だけを提出し、登記事項証明書が出てきてから係員に必要な手数料の額を聞き、収入印紙または登記印紙を申請書に貼ってもよいでしょう。細かいことですが、どちらかといえば、後者のやり方のほうが、後々のことを考えるとおすすめできます。というのは、登記事項証明書の交付申請をしても、該当の会社がなく、後で登記印紙を再使用するために、申請書に貼った登記印紙をはがさなければならない場合があるからです。

なお、登記事項証明書というのは総称であり、実際には後述のように履歴事項全部証明書、現在事項一部証明書など、さまざまなものがありますので、用途に従ってどの証明書を請求すればよいか考えて請求するとよいでしょう。

■ 登記事項証明書と登記事項要約書

登記事項要約書
・証明書にならない
・1通で3つの区しか請求できない

登記事項証明書
・証明書になる
・4つ以上の区を調べることができる

登記事項証明書は郵送やオンラインでも申請できる

登記事項要約書の取得と違って、登記事項証明書は、調べたい会社の管轄法務局に行かなくても取得することができます。

まず、最も手軽で時間もかからないのは、自分の家や勤務先の近くにある法務局に行き、調べたい会社の登記事項証明書の交付申請をするという方法です。登記情報交換システムによって他の法務局管轄の会社の登記事項証明書を取得することができます。直接調べたい会社の管轄法務局に行ったり、郵送で申請したりするより手間はかからず、要する時間は短縮できます。

次に、郵送で登記事項証明書を取得するという方法があります。これは、管轄法務局に登記事項証明書の交付申請書、必要な額の収入印紙、返信用封筒及び返信用切手を郵送し、請求するという方法です。申請書は最寄りの法務局で入手したり、インターネットで取得したりすることができます。調べたい会社の管轄法務局が遠方であり、ある程度時間がかかってもよいというようなときには、郵送での申請が手軽でしょう。

なお、このような場合で至急登記事項証明書を取得したいという場合には、管轄法務局最寄りの司法書士会に電話して司法書士を紹介してもらい、司法書士に手数料と実費を払って取得してもらうという方法もあります。

また、オンラインつまりインターネットを使って登記事項証明書の交付申請をすることができます。この場合、交付申請はインターネットを経由して行い、登記事項証明書は郵送や最寄の法務局で受け取ることができます。

書式　登記事項証明書交付申請書

会社法人用

登記事項証明書
登記簿謄抄本　交付申請書
概要記録事項証明書

※ 太枠の中に書いてください。

（地方）法務局　　支局・出張所　　令和　年　月　日 申請

窓口に来られた人（申請人）	住所	東京都新宿区××七丁目3番2号
	フリガナ／氏名	星《ほし》　光男《みつお》
商号・名称（会社等の名前）		株式会社　星光商事
本店・主たる事務所（会社等の住所）		東京都新宿区××五丁目2番1号
会社法人等番号		

収入印紙欄

収入印紙

収入印紙

収入印紙は割印をしないでここに貼ってください。
（登記印紙も使用可能）

※ 必要なものの□にレ印をつけてください。

請求事項	請求通数
①全部事項証明書（謄本） ☑ **履歴事項証明書**（閉鎖されていない登記事項の証明） ※現在効力がある登記事項に加えて，当該証明書の交付の請求があった日の３年前の日の属する年の１月１日から請求があった日までの間に抹消された事項等を記載したものです。 □ **現在事項証明書**（現在効力がある登記事項の証明） □ 閉鎖事項証明書（閉鎖された登記事項の証明） ※当該証明書の交付の請求があった日の３年前の属する年の１月１日よりも前に抹消された事項等を記載したものです。	3 通
②一部事項証明書（抄本） □ 履歴事項証明書 □ 現在事項証明書 □ 閉鎖事項証明書 ※商号・名称区及び会社・法人状態区は，どの請求にも表示されます。 ※ 必要な区を選んでください。 □ 株式・資本区 □ 目的区 □ 役員区 □ 支配人・代理人区 ※２名以上の支配人・参事等がいる場合で、その一部の者のみを請求するときは、その支配人・参事等の氏名を記載してください。 （氏名　　　） （氏名　　　） □ その他（　　　）	通
③□代表者事項証明書　（代表権のある者の証明） ※2名以上の代表者がいる場合で，その一部の者の証明のみを請求するときは，その代表者の氏名を記載してください。（氏名　　　）	通
④コンピュータ化以前の閉鎖登記簿の謄抄本 □ コンピュータ化に伴う閉鎖登記簿謄本 □ 閉鎖謄本（　　年　月　日閉鎖） □ 閉鎖役員欄（　　年　月　日閉鎖） □ その他（　　　）	通
⑤概要記録事項証明書 □ 現在事項証明書（動産譲渡登記事項概要ファイル） □ 現在事項証明書（債権譲渡登記事項概要ファイル） □ 閉鎖事項証明書（動産譲渡登記事項概要ファイル） □ 閉鎖事項証明書（債権譲渡登記事項概要ファイル） ※請求された登記記録がない場合には，記録されている事項がない旨の証明書が発行されます。	通

交付通数	交付枚数	手数料	受付・交付年月日

（乙号・６）

7 登記事項証明書の種類について知っておこう

調べたい内容にあわせて交付申請する

全部事項証明書は３種類ある

登記事項証明書には、大きく分けて全部事項証明書と一部事項証明書、代表者事項証明書があり、全部事項証明書と一部事項証明書にはそれぞれ３つの種類があります。３種類の全部事項証明書は、それぞれ記載されている内容が異なります。調べたい内容に応じて交付を申請してください。

①　現在事項証明書

商号や本店の所在地以外は現在の登記事項しか記載されていない証明書です。会社の過去、つまり抹消された事項については記載されていません。したがって、これからその会社と取引に入ろうとする人が信用調査をする場合には、この証明書では資料としては不十分でしょう。

むしろ、自分の会社が何かの手続きをする場合に添付すべき書類として使用するのに向いているといえます。

②　履歴事項証明書

現在有効な登記内容の他に、過去３年間にすでに抹消された事項についても記載されている証明書です。過去３年間とは、厳密にいえば、交付を申請した日の３年前の年の１月１日以降ということになります。履歴事項証明書を参照すれば、変更された商号や目的、退任した取締役・監査役などの役員の氏名を知ることができます。そのため、信用調査という目的には最適です。

③　閉鎖事項証明書

会社が解散したり管轄の外へ本店が移転したような場合などは、

登記の記録が閉鎖されることになります。それでも、その会社について調べることができるように交付されるのが、閉鎖事項証明書です。

また、３年前の１月１日以前の履歴について調べたいときには、この証明書を利用します。

一部事項証明書とは

一部事項証明書とは、従来の登記簿抄本に代わるもので、商業登記簿の中の一部の区だけを記載した証明書です。株式・資本区、目的区、役員区、支店区、支配人区などの各区から必要なものにチェックを入れて請求します（商号区及び会社状態区は特に請求しなくてもすべての一部事項証明書に記載されます）。

代表者事項証明書とは

代表者事項証明書とは、その会社の代表権がある者について証明した登記事項証明書です。代表権ある者の職名（取締役、代表取締役など）、住所、氏名が記載されています。登記申請や訴訟の場合など、誰が代表権を持っているかを証明しさえすればよい場合に、この証明書を取得します。

■ 登記事項証明書の種類

現在事項証明書	現在の登記事項しか記載されていない証明書
履歴事項証明書	現在有効な登記内容の他に、過去３年間にすでに抹消された事項についても記載されている証明書
閉鎖事項証明書	閉鎖した登記記録に記録されている事項に関する証明書
代表者事項証明書	その会社の代表権がある者を証明した証明書

資料　登記事項証明書（履歴事項証明書）

履歴事項全部証明書

東京都練馬区南大泉○丁目○番○号
株式会社永松商事

会社法人等番号	０１１６－０１－００××××
商　　　　　号	株式会社　永松商事
本　　　　　店	東京都練馬区南大泉○丁目○番○号
公告をする方法	官報に掲載してする。
会社成立の年月日	令和１　年　１月　９　日
目　　　　　的	1　医薬品の製造販売 2　加工菓子の卸及び小売業務並びに輸出入業務 3　日用品雑貨の販売 4　介護用品の販売 5　紳士、婦人、子供服の販売 6　医薬品、衣料品、介護用品、日用品雑貨の輸入 7　前各号に附帯又は関連する一切の事業
発行可能株式総数	800株
発行済株式の総数並びに種類及び数	発行済株式の総数 200株
資本金の額	金 1000万円
株式の譲渡制限に関する規定	当会社の株式を譲渡により取得するには、株主総会の決議を要する。
役員に関する事項	取締役　　　永松慶太郎
	東京都練馬区東大泉○丁目○番○号 代表取締役　永松慶太郎
登記記録に関する事項	設立　　　　令和１年１月９日登記

これは登記簿に記録されている閉鎖されていない事項の全部であることを証明した書面である。

令和１年 １月 25 日

東京法務局　練馬出張所　　　法 務 太 郎 ㊞
登記官

整理番号　テ３３２８４１　　＊下線のあるものは抹消事項であることを示す。

資料　代表者事項証明書

代表者事項証明書

会社法人等番号　0116－01－00××××

商　　号　株式会社　永松商事

本　　店　東京都練馬区南大泉○丁目○番○号

代表者の資格、氏名及び住所

東京都練馬区東大泉○丁目○番○号
代表取締役　　永松　慶太郎

以　下　余　白

これは上記の者の代表権に関して登記簿に記録されている現に効力を有する事項の全部であることを証明した書面である。

令和 2 年 2 月 1 日

東京法務局練馬出張所

登記官　　法　務　太　郎　印

整理番号　ホ６７６０８６

8 役員登記の添付書面、役員欄の氏の記載について知っておこう

不正登記の申請を防止するため、本人確認が義務付けられる

どんな場合に本人確認証明書の添付が必要になるのか

次の登記の申請については、本人確認証明書の添付が必要です。

① 株式会社の設立の登記

② 取締役、監査役または執行役（以下「取締役等」といいます）の就任による変更登記（再任を除きます）

これらの登記の申請に際しては、取締役等の就任承諾書に記載した氏名・住所と一致する氏名・住所が記載された本人確認証明書の添付が必要になります。また、就任承諾書の代わりに株主総会議事録の記載を援用することができますが、この場合、議事録中に取締役等の住所を記載する必要があります。記載がないと援用ができず、別途、就任承諾書が必要になります。

本人確認証明書としては、ⓐ住民票の写し、ⓑ戸籍の附票、ⓒ住所の記載がある住基カードのコピー、ⓓ運転免許証のコピー（裏面も必要）、ⓔマイナンバーカードの表面のコピーなどが該当します。なお、ⓒからⓔまでのコピーを添付する場合、本人が、原本と相違ない旨を記載し、署名押印する必要があります。取締役等が外国居住者の場合には、宣誓供述書など外国官憲の作成による氏名及び住所が記載された証明書が、本人確認証明書になります。

もっとも、登記の申請書に取締役等の印鑑証明書を添付する場合には、本人確認証明書を添付する必要はありません。印鑑証明書が本人確認の資料になるからです。具体的には、ⓕ取締役会非設置会社における取締役の就任について、ⓖ取締役会設置会社における代表取締役に選定された者の取締役の就任について、ⓗ取締役会設置会社にお

ける代表取締役を選定する取締役会議事録に前代表取締役の登記所届出印を押印できない場合などに、印鑑証明書の添付が必要となり、本人確認証明書の添付は不要です。

なお、株式会社だけでなく、一般社団法人や一般財団法人などにも準用されることから、これらの設立登記や理事、監事、評議員の就任による変更登記についても、印鑑証明書を添付する場合を除き、本人確認証明書の添付が必要になります。

具体例を考えてみる

取締役をＡ、Ｂ、Ｃ、代表取締役をＡとする取締役会設置会社を設立する場合、Ａは、代表取締役として就任承諾書に押印した印鑑証明書を添付するので、本人確認証明書の添付は不要になります。Ｂ、Ｃについては本人確認証明書の添付が必要です。取締役会非設置会社を設立する場合、取締役Ａ、Ｂ、Ｃの就任承諾書の押印にかかる印鑑証明書を添付するので、本人確認証明書は不要です。

取締役をＡ、Ｂ、Ｃ、代表取締役をＡとする取締役会設置会社において、取締役をＡ、Ｄ、Ｅ、代表取締役をＥに変更する場合、Ａについては、取締役の再任となるので、そもそも本人確認証明書の添付が不要です。一方、Ｅについては、代表取締役の就任承諾書の押印にかかる印鑑証明書を添付するので、本人確認証明書の添付は不要です。Ｄについては、前代表取締役であるＡが、取締役会に出席し、登記所届出印を取締役会議事録に押印すると、出席取締役の印鑑証明書は不要になります。したがって、Ｄは、印鑑証明書を添付しないので、本人確認証明書を添付することになります。

Ａが取締役と代表取締役を兼任する取締役会非設置会社において、取締役Ｂと監査役Ｃを追加する場合、取締役Ｂは就任承諾書の押印にかかる印鑑証明書の添付が必要なので、本人確認証明書の添付は不要です。一方、監査役Ｃについては、印鑑証明書を添付する場合にあたらないので、本人確認証明書を添付します。

代表取締役の辞任の登記の添付書面

登記所に印鑑を提出している代表取締役が辞任をする場合、原則として、その辞任届に個人の実印を押印した上で、印鑑証明書を添付する必要があります。もっとも、辞任届に登記所届出印を押印した場合は、個人の実印の押印とその印鑑証明書の添付は不要です。代表取締役の他には、代表執行役、代表取締役である取締役、代表執行役である執行役の辞任登記について適用されます。ただし、代表取締役等であっても登記所に印鑑を提出していない者については、辞任届に認印を押印しても差し支えありません。

たとえば、取締役Ａ、Ｂ、Ｃ、代表取締役をＡとする取締役会設置会社において、Ａが代表取締役を辞任する場合、代表取締役Ａの辞任登記には、辞任届に押印したＡ個人の実印とその印鑑証明書の添付が必要です。ただし、Ａが辞任届に会社の実印（登記所届出印）を押印した場合、印鑑証明書の添付は不要です。

Ａが取締役を辞任する場合については、取締役を辞任すると、代

■ 本人確認証明書が要求される場合の具体例① …………………

取締役A、B、C、代表取締役をAとする取締役会設置会社を設立する場合

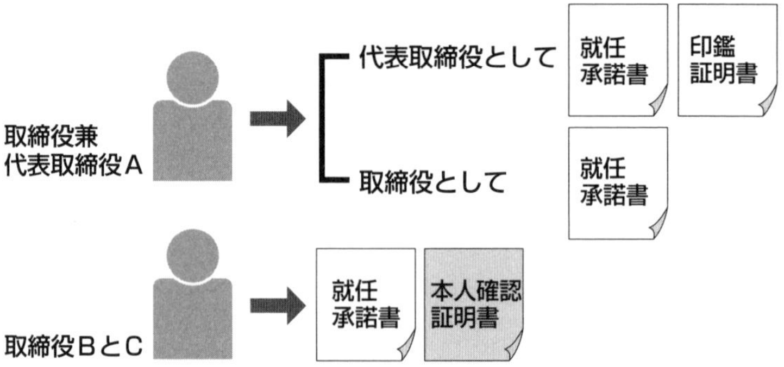

表取締役の前提資格である取締役の地位を失うので、代表取締役は退任となります。この場合には、取締役にかかる辞任届に、A個人の実印による押印とその印鑑証明書を添付するか、または登記所に届けている会社の実印を押印するか、いずれかが必要となります。

登記に旧姓を記録することができる

婚姻により改姓したとしても、登記申請の際に、戸籍謄本等を提出して申し出ることにより、登記簿の役員欄に、戸籍上の氏名と旧姓を併記することができます。申出ができる登記申請は、①設立の登記、②清算人の登記、③役員（取締役、監査役、執行役、会計参与、会計監査人）または清算人の就任による変更の登記、④役員若しくは清算人の氏の変更の登記です。

現在の氏名が「山田花子」、旧姓が「田中」である場合、登記簿上の表記は、「取締役 山田花子（田中花子）」となります。

■ 本人確認証明書が要求される場合の具体例② …………………

取締役A、B、C、代表取締役をAとする取締役会設置会社において、取締役をA、D、E、代表取締役をEに変更する場合

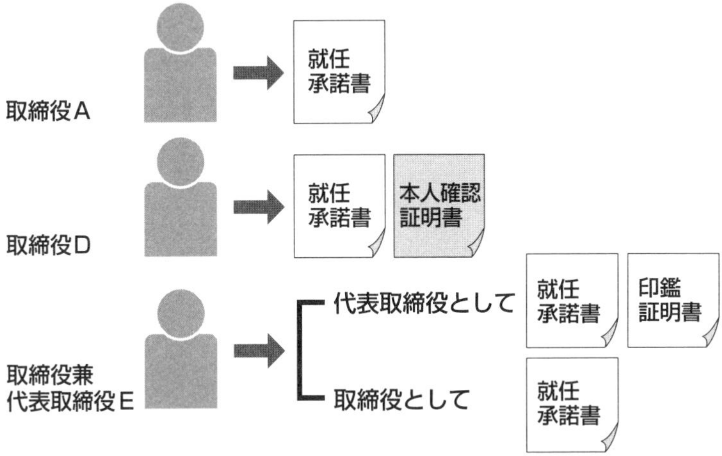

9 株主リストについて知っておこう

株主総会決議・株主全員の同意の真実性を担保する必要がある

株主リストとは

株主総会の決議を仮装することにより、実体のない役員変更や会社の組織の変更を行い、会社を乗っ取るなどの違法行為が行われる事案が発生しました。そこで、登記の真正を担保するために、登記すべき事項につき株主総会の決議等を必要とする登記の申請の際に、「株主の氏名または名称、住所及び議決権数等を証する書面」、つまり、「株主リスト」を添付することが、商業登記規則に基づき義務付けられています。株主リストの提出により、株主総会決議の有効性を登記の前後で確認することが可能となります。

なお、株主リストは、会社法に基づき株式会社に作成が義務付けられている「株主名簿」とはまったく別のものです。株主名簿は、株式会社が株主を管理するためのものであり、株主リストとは記載内容も異なります。したがって、登記申請の際に、株主リストとして、株主名簿を添付することはできません（株主名簿を添付することが必要な登記申請もあります)。

どのような点に注意して作成すればよいのか

株主リストの添付が必要な場合は、⑴登記すべき事項について株主総会の決議（種類株主総会の決議）を必要とする場合と、⑵登記すべき事項について株主全員の同意（種類株主全員の同意）を必要とする場合の２つです。

⑴　株主総会（種類株主総会）の決議を必要とする場合

株主総会の決議によって登記すべき事項に変更が生じる場合に、株主リストを添付する必要があります。たとえば、株主総会の決議で、役員を選任した場合や会社目的を変更する定款変更をした場合などです。

株主リストには株主全員の情報を記載する必要はなく、株主総会において議決権を有する株主のうち、ⓐ議決権数上位10名の株主、ⓑ議決権割合の多い順に加算し３分の２に達するまでの株主、のいずれか少ない人数の株主を記載します。実際に株主総会に出席し、議決権を行使した株主でなくても、その株主総会で議決権を行使することが可能であった株主であれば、議決権を有する株主にあたります。また、議決権を有しない株主の例としては、自己株式を有する株主、つまり、株式会社が自社の株式を有する場合などがあります。

株主リストの記載事項は、①対象となる株主総会、②株主総会の開催日、③対象となる議案、④株主の氏名または名称、⑤株主の住所、⑥株式数（種類株式の種類と数）、⑦議決権割合です。

株主リストは、議案ごと（登記すべき事項ごと）に作成するのが原則ですが、株主リストの記載内容が同じ場合は、株主リストにその旨を記載し、１通作成すれば足ります。

登記申請時の会社の代表者が登記所届出印（会社代表印）で株主リストを証明します。株主総会の時点の代表者ではありません。

(2) 株主全員（種類株主全員）の同意を必要とする場合

登記すべき事項が株主全員の同意によって変更する場合に、株主リストを添付する必要があります。たとえば、定款を変更して、発行する全部の株式の内容として取得条項を設けるときは、株主全員の同意が必要になります。

株主リストの記載事項は、①株主全員の同意が得られた日付、株主全員について、②氏名または名称、③住所、④株式数（種類株式の種類と数）、⑤議決権数です。

登記申請時の代表者が登記所届出印を押印して証明します。

資料　株主リストのサンプル例（株主総会の決議を必要とする場合）

（A－1 総合簡易書式）

証　　明　　書

次の対象に関する商業登記規則61条２項又は３項の株主は次のとおりであることを証明する。

対象	株主総会等又は総株主の同意等の別	株主総会	←株主総会，種類株主総会，株主全員の同意，種類株主全員の同意のいずれかを記載してください。 種類株主総会等の場合は，対象となる種類株式も記載してください。
	上記の年月日	令和２年６月２９日	←株主総会等の年月日を記載してください。
	上記のうちの議案	全議案	←全議案又は対象となる議案を記載してください。 総株主等の同意を要する場合は，記載不要です。

	氏名又は名称	住所	株式数　（株）	議決権数	議決権数の割合
1	星　光男	東京都新宿区××七丁目３番２号	100	100	100.0%
2					
3					
4					
5					
6					
7					
8					
9					
10					
			合計	100	100.0%
			総議決権数	100	

証明書作成年月日	令和２年６月２９日
31	株式会社星光商事
証明書作成者	代表取締役　星　光男

登記所届出印

※　商業登記規則第61条第2項

登記すべき事項につき次の各号に掲げる者全員の同意を要する場合には、申請書に、当該各号に定める事項を証する書面を添付しなければならない。

一　株主　株主全員の氏名又は名称及び住所並びに各株主が有する株式の数（種類株式発行会社にあつては、株式の種類及び種類ごとの数を含む。次項において同じ。）及び議決権の数

二　種類株主　当該種類株主全員の氏名又は名称及び住所並びに当該種類株主のそれぞれが有する当該種類の株式の数及び当該種類の株式に係る議決権の数

※　商業登記規則第61条第3項

登記すべき事項につき株主総会又は種類株主総会の決議を要する場合には、申請書に、総株主（種類株主総会の決議を要する場合にあつては、その種類の株式の総株主）の議決権（当該決議（会社法第三百十九条第一項（同法第三百二十五条 において準用する場合を含む。）の規定により当該決議があつたものとみなされる場合を含む。）において行使することができるものに限る。以下この項において同じ。）の数に対するその有する議決権の数の割合が高いことにおいて上位となる株主であつて、次に掲げる人数のうちいずれか少ない人数の株主の氏名又は名称及び住所、当該株主のそれぞれが有する株式の数（種類株主総会の決議を要する場合にあつては、その種類の株式の数）及び議決権の数並びに当該株主のそれぞれが有する議決権に係る当該割合を証する書面を添付しなければならない。

一　十名

二　その有する議決権の数の割合を当該割合の多い順に順次加算し、その加算した割合が三分の二に達するまでの人数

※株主リストのひな形は法務省のホームページからダウンロードすることができます。

10 商業登記の申請手続きについて知っておこう

会社の重要事項に変更が生じた場合には登記申請を行う

登記申請の流れ

登記申請の方法は大きく分けると、オンラインで申請をする方法と、書面で作成した登記申請書を郵送または出頭することによって、法務局に提出する方法があります。本書では、書面で作成した登記申請書を法務局に提出することを前提に紹介します。

登記を申請するには、まず、登記申請書を作成しなければなりません。登記申請書には、記入漏れのないよう正確に記入するようにしてください。また、登記申請書には、原則として、その登記内容を証明するために必要な書類（添付書類）を添えて提出する必要があります。

たとえば、取締役の就任による取締役の変更の登記の場合は、取締役が選任されたことを証明する株主総会議事録などが添付書類になります。なお、登記をするためには登録免許税を納付する必要があります。登録免許税は、金融機関において現金で納付することができますが、登記申請する際に収入印紙をもって納付するのが一般的です。

登記申請書、添付書類の準備ができたら、管轄の法務局へ行くか、郵送により登記申請します。管轄は会社の本店所在地によって決定します。法務局へ行った場合は、商業登記の申請窓口に登記申請書、添付書類を提出します。登記申請後に、登記完了予定日の確認をしましょう。提出した登記申請書や添付書類などに不備があったような場合は、法務局から連絡（電話）がありますが、連絡がなかった場合は原則としてこの登記完了予定日に登記が完了します。登記完了予定日の到来後、登記事項証明書などを取得し、申請した登記が間違いなくされているかどうかの確認をしましょう。

登記の申請期間について

登記の申請期間は会社法で定められています。現在登記されている事項に変更が生じた場合の登記（変更登記）の申請期間は、原則として変更が生じた日から２週間以内（本店所在地を管轄する法務局に申請する場合。支店所在地を管轄する法務局に申請する場合は３週間以内）です（会社法915条、930条）。申請期間内に登記申請をしなかった場合であっても、登記申請は受理されますが、登記を懈怠してしまった（申請期間内に登記をしなかった）場合には会社法に基づいて過料（刑罰とは異なる金銭を徴収する制裁のこと）を科せられてしまうことがありますので（会社法976条）、注意が必要です。

株式会社の役員選任登記の申請方法

ここでは、株式会社の役員選任の登記を例にあげて、登記申請書の概要を確認していきましょう（登記申請書、添付書類の書式については第４章を参照してください）。

登記申請書では、どのような理由で登記をするのかを記載する「登記の事由」と、どのような内容の登記をするのかを記載する「登記すべき事項」の部分が特に重要になります。株式会社の役員選任をしたときの登記申請の場合には、「登記の事由」として役員を選任した旨を記載します。また、「登記すべき事項」は「別添CD－Rのとおり」または「別紙のとおり」と記載した上で、登記すべき内容を記録したCD－Rなどの磁気ディスクを提出します。

登記申請書のとじ方

登記申請書は図（次ページ）のように、①登記申請書、②登録免許税納付用台紙、③添付書類の順にホチキスで左綴じにするのが一般的です。登録免許税納付台紙には収入印紙を貼り付けます（現金で納付した場合はその領収書を貼り付けます）。登録免許税納付用台紙は必ずしも必要というわけではなく、登記申請書のスペースに余白がある場合には、その余白に収入印紙を貼付してもかまいません。

登記申請書には登記申請人が会社代表印を押印する必要があります。登記申請書が２枚以上になった場合は、各ページの綴り目にそれぞれ契印（53ページ）が必要です。また、登記申請書と登録免許税納付用台紙の綴り目にも会社代表印で契印をする必要があります。

「印鑑届書」などは添付書類にはなりませんので、登記申請書にホ

■ 登記申請書類のセットの仕方

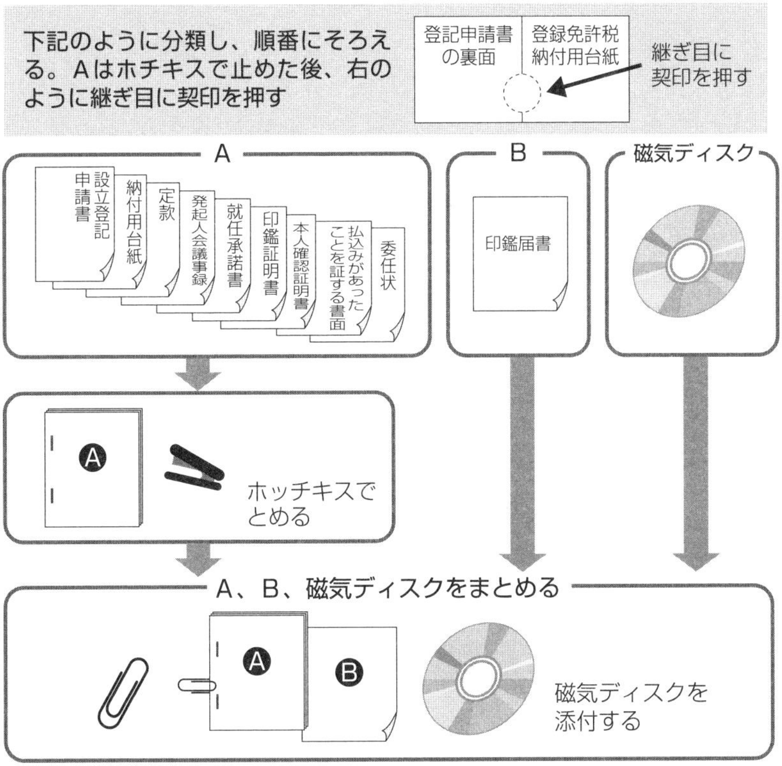

※磁気ディスクの提出の代わりに、登記すべき事項を別紙として申請書の後に綴じて提出することもできる。

チキスどめをせず、クリップなどでとめて同時に提出するだけでかまいません。

添付書類の原本還付手続き

添付書類は原本を提出することもできますが、議事録や役員の就任承諾書などの会社で保管すべき重要な書類は、その原本の還付を受けることが可能です。原本還付手続きをする場合は、登記申請書には議事録などのコピーをホチキスどめし、このコピーに「原本の写しに相違ありません。株式会社○○代表取締役○○」と記載し、会社代表印を押印し、法務局に提出します。登記申請時に原本の還付を受けるためには、登記申請をする際に、登記申請窓口の担当者にコピーと原本が間違いなく同一であることを確認してもらってから登記申請をする必要がありますので注意してください。

申請後に不備があれば補正をする

登記申請は受付後、登記官によってその内容が調査されます。登記申請書や添付書類に不備が見つかった場合には、その不備を訂正（補正といいます）するように求められます。補正があった場合、法務局から登記申請書に記載してある電話番号に電話がありますので、電話があった場合には補正の内容を確認し、必要なもの（会社代表印など）を持参し、法務局に補正に行くようにしましょう。法務局に行った後は、担当官から指示を受け正確に補正をします。添付書類の添付漏れなど、補正の内容によっては、法務局に行かなくても補正できることもありますので、事前に補正の内容を確認するとよいでしょう。

なお、補正できない誤りがある場合などは、登記申請を取り下げたり、登記官に登記申請が却下されることもありますので、登記申請をする前に必ず登記申請書、添付書類の内容をしっかり確認するようにしましょう。

第３章

株主総会の招集と議事録

1 株主総会の招集について知っておこう

株主総会の開催には招集手続きが必要になる

株主総会の招集手続き

株主総会を開催するためには、株主に招集通知を発送する必要があります。株主に株主総会に出席する機会と準備の時間を与えるためです。株主総会の招集は、取締役会（取締役会非設置会社の場合は取締役の過半数の決定）で決議し、代表取締役が招集するのが通常です。

招集通知の発送期限は、公開会社は株主総会の２週間前まで、非公開会社は、書面投票制度や電子投票制度を採用した場合（株主総会に出席しない株主が書面または電磁的方法で議決権を行使できると定めた場合）を除き、株主総会の１週間前（取締役会非設置会社は定款の定めで１週間を下回る期間とすることも可能）までです。

なお、定款の定めに基づき、招集通知に添付する資料について電子提供措置（56ページ）をとる場合は、公開会社・非公開会社を問わず、招集通知の発送期限が株主総会の２週間前となります。

招集通知は書面投票制度や電子投票制度を採用する会社の場合と、取締役会設置会社の場合は、書面で作成することが必要です。ただし、承諾のあった株主に対しては、書面に代えて電磁的方法（電子メールなど）により招集通知を発送することができます。なお、取締役会非設置会社では、書面ではなく口頭や電話で招集することが可能です。また、取締役会設置会社・取締役会非設置会社を問わず、議決権を行使できる株主全員の同意が得られたときは、招集手続きを省略したり、招集期間を短縮することが可能です。

ただし、株主総会に出席できない株主がいる場合や、株主間で争いがある場合などは、招集手続きを省略したり、招集期間を短縮したりするときには、株主から同意書をもらう、取締役会非設置会社でも後日の証拠となるように書面で招集通知を発送するなど、株主総会の招集には注意を払うべきだといえるでしょう。

どの時点の株主に招集通知を発送すればよいのか

招集通知は、原則として株主名簿に記載または記録された株主を、株主総会において議決権を行使することができる者として、その者に対して送付すればよいとされています。

株主が変化しにくい非公開会社や、株主が１名または数名で会社が常に株主が誰であるかを把握している小規模な会社の場合は、誰に送付する必要があるかはあまり問題になりません。しかし、株式が転々流通する可能性のある公開会社の場合は、いつの時点の株主名簿に記載された株主に送付する必要があるかが問題となります。

会社法は、一定の日（基準日）を会社が定め、基準日に株主名簿に記載された株主（基準日株主）に対して招集通知を送付すればよいとしています（会社法124条１項）。招集通知を送付すべき株主を早期に確定しないと、会社の事務処理に支障が生じてしまうおそれがあるからです。なお、この基準日については、株主割当による株式分割や募集株式の発行（247ページ）のときにも定める必要がでてきます。

会社が基準日を定めたときは、定款に基準日に関する定めがある場合などを除き、基準日の２週間前までに、定款で定めた方法により公告することが必要です（会社法124条３項）。定時株主総会の基準日については、定款で基準日の定めを設けているのが一般的ですが、臨時株主総会を開催する場合は、公開会社・非公開会社を問わず、会社法上、基準日の設定とその公告が必要になる点に注意しましょう。もっとも、基準日は会社のための制度ですので、基準日の後に株主となった者を、株主総会において議決権を行使することができる株主として取り扱うことは、基準日株主の権利を害さない限り問題はありません。

2 株主総会招集に関する書類作成の注意点

株主総会の招集には取締役会の決議と招集手続きが必要

書式1　株主総会招集通知例

書面投票制度等を採用しない会社（原則として株主数が1,000名未満の会社）の一般的な株主総会招集通知例です。株主総会の招集通知に記載すべき事項は会社法298条、会社法施行規則63条で規定されています。主な記載事項は、①株主総会の開催日時・場所、②株主総会の議題・議案の概要（たとえば、役員の選任の場合はその氏名、定款の変更の場合はその内容)、③書面投票制度等を採用する場合は書面投票制度等に関する事項、④代理人による議決権の行使に関する事項、⑤議決権の不統一行使に関する事項などです。

本書式の招集通知は、定時株主総会に関するものなので、監査役の監査を受けた事業報告や計算書類を同封します。その他、議案の概要を記載した株主総会参考書類と議決権の代理行使のための委任状を同封し、基準日株主に発送する書式になっています。

書式2　株主総会参考書類例

書面投票制度等を採用しない会社の場合、株主総会参考書類の株主への交付は会社法上の義務ではありません。しかし、書面投票制度等を採用しない会社の場合も、株主に対して議案の内容を株主総会の事前に通知したい場合は本書式を参考にしてみてください。

書式3　議決権の代理行使に関する委任状例

上場していない会社（非上場会社）または書面投票制度等を採用しない会社における、議決権の代理行使に関する委任状例です。招集通知と同封し、株主総会に出席できない株主が、代理人によって議決権を行使することができるようにするとよいでしょう。

書式4　定時株主総会招集の決定に関する取締役会議事録例

本書式では、会社法436条3項の規定により計算書類等の承認をした上で、会社法298条1項・4項の規定により株主総会の招集を決定しています。なお、株主総会の招集にあたって決定しなければならない事項は、①株主総会の日時・場所、②株主総会の目的である事項（議題）がある場合はその事項、③株主総会に出席しない株主が書面または電磁的方法によって議決権を行使できること（書面投票制度等を採用すること）とする場合はその旨などです。

書式5　定時株主総会議事録例

毎事業年度終了後に開催される定時株主総会では、事業報告の内容を報告し、当該事業年度末日現在の財産状況と損益状況を明らかにした貸借対照表及び損益計算書などの計算書類についての承認を受ける必要があります。なお、会計監査人設置会社の場合は、一定の要件を満たせば、計算書類について株主総会の承認を受ける必要はなく、株主総会への報告事項となります。

書式6　株主総会の開催を省略した場合の株主総会議事録例

取締役または株主が株主総会の決議の目的である事項について提案をした場合で、その提案事項について議決権を行使することができる株主の全員が、書面または電磁的記録によって同意したときは、その提案を可決する旨の株主総会の決議があったものとみなすことができます（みなし決議、会社法319条）。

また、取締役が株主の全員に対して株主総会に報告すべき事項を通知した場合で、その報告事項を株主総会に報告することを要しないことにつき、株主の全員が書面または電磁的記録により同意したときは、株主総会への報告があったものとみなすことができます（みなし報告、会社法320条）。そして、会社法319条・会社法320条に基づき、株主総会の開催を省略した場合（みなし総会をした場合）にも、株主総会議事録の作成が必要になります。

書式１　株主総会招集通知例

令和○年５月10日

株　主　各　位

〒×××－××××
東京都××区××五丁目２番１号
株式会社　星光商事
代表取締役社長　星　光男

第○回定時株主総会招集ご通知

拝啓　ますますご清栄のこととお喜び申し上げます。

さて、当社の第○回定時株主総会を、下記のとおり開催いたしますので、ご出席くださいますようご通知申し上げます。

なお、当日ご出席願えない場合は、代理人（ご親族又は議決権を有する当社の株主に限ります）によって議決権を行使することができますが、その場合は、同封の委任状用紙に当会社へお届けいただいているご印鑑をご捺印の上、令和○年５月20日（○曜日）までに当社へ到着するよう、ご返送をお願い致します。

敬具

記

１．日　時　令和○年５月27日（○曜日）午前10時00分から
　　　　　　（受付　午後９時45分から）
２．場　所　東京都××区××五丁目２番１号　××ビル７階
　　　　　　当社本店第×会議室
３．第○回定時株主総会の目的である事項
　　報告事項　　第○期（令和○年４月１日から令和○年３月31日まで）事業報告の内容報告の件
　　決議事項
　　　第１号議案　第○期（令和○年４月１日から令和○年３月31日まで）計算書類の承認の件
　　　第２号議案　取締役３名選任の件

上記各議案の内容等は、後記「株主総会参考書類」に記載のとおりです。

以上

書式2　株主総会参考書類

株主総会参考書類

議案及び参考事項

第1号議案　第○期（令和○年4月1日から令和○年3月31日まで）計算書類の承認の件

会社法第438条第2項に基づき、当社第○期の計算書類のご承認をお願いするものであります。

議案の内容は、添付書類○頁から○頁までに記載のとおりであります。

なお、取締役会といたしましては、計算書類が法令及び定款に従い、会社の財産及び損益の状況を正確に示しているものと判断しております。

第2号議案　取締役3名選任の件

取締役3名全員は、本総会の終結の時をもって任期満了となります。つきましては、取締役3名の選任をお願いするものであります。

取締役候補者は次のとおりであります。

氏名 （生年月日）	略歴その他	所有する当社の株式の数（普通株式）
星　光男 （昭和○年4月4日生）	平成○年○月 株式会社○○○入社 平成○年○月 当社創業 平成○年○月 当社代表取締役社長就任 （現任）	100株
崎岡　円蔵	〈略〉	〈略〉
井田　善治	〈略〉	〈略〉

書式３　議決権の代理行使に関する委任状例

委　任　状

令和　　年　　月　　日

株式会社星光商事　御中

ご住所	（〒　　—　　）	
お名前	（ふりがな　　）	（お届印）

私は、以下の者を代理人と定め、本状記載事項を委任します。

代理人

住所：

氏名：

<u>委　任　事　項</u>

令和○年５月27日開催の貴社臨時株主総会（継続会又は延会を含む）に出席して、議決権を行使すること。

以上

書式４　取締役会議事録例（定時株主総会の招集決定）

取締役会議事録

１．日　時　　令和○年５月９日（土曜日）午前10時～午前11時
２．場　所　　東京都××区××五丁目２番１号　当社本店会議室
３．出席者
　　取締役　星光男、崎岡円蔵、井田善治（３名中３名出席）
　　監査役　村田一郎（１名中１名出席）

　なお、崎岡円蔵取締役は、東京都××区××一丁目２番３号の当社○○支店会議室からテレビ電話会議システムを用いて出席した。

４．議　事

　代表取締役社長星光男は、当社定款第○条の規定により、議長となり、開会を宣し、議事に入った。

　なお、議事に先立って、テレビ電話会議システムは、出席者の音声が即時に他の出席者に伝わり、適時的確な意思表示が互いにできる仕組みとなっていることが確認された。

第１号議案　第○期（令和○年４月１日から令和○年３月31日まで）に関する計算書類等承認の件

　本議案の審議に先立ち、議長が監査役村田一郎に報告を求めたところ、監査役村田一郎は、次のとおり監査報告に基づき報告を行った。

・第○期事業報告及びその附属明細書は、法令・定款に従い会社の状況を正しく示しているものと認める。また、取締役の職務の執行に関する不正の行為又は法令・定款に違反する重大な事実は認められない。
・第○期計算書類及びその附属明細書は、会社の財産及び損益の状況をすべての重要な点において適正に表示しているものと認める。

　ついで、議長は議場に第○期事業報告、事業報告の附属明細書、第

○期計算書類（貸借対照表、損益計算書、株主資本等変動計算書、個別注記表）及び計算書類の附属明細書を提出し、その承認の可否を諮ったところ、出席取締役は全員異議なくこれを承認可決した。

第２号議案　第○回定時株主総会招集の件

議長は、第○期事業年度に関する第○回定時株主総会を下記の要領で開催したい旨を述べ、議場に諮ったところ、出席取締役は全員異議なくこれを承認可決した。

記

(1)　日　時　　令和○年５月27日（○曜日）午前10時から
　　　　　　　（受付　午前９時45分から）
(2)　場　所　　東京都××区××五丁目２番１号××ビル
　　　　　　　当社本店第×会議室
(3)　第○回定時株主総会の目的である事項
　報告事項　　　第○期（令和○年４月１日から令和○年３月31日まで）事業報告の内容報告の件
　決議事項
　　第１号議案　　第○期（令和○年４月１日から令和○年３月31日まで）
　　　　　　　　　計算書類の承認の件
　　第２号議案　　取締役３名選任の件
　　上記議案の内容などは、別紙「第○期定時株主総会招集通知」記載のとおり。

議長は、以上をもって本日の全議案の審議を終了した旨を述べ、閉会を宣した。

上記議事の経過の要領及びその結果を明確にするため、本議事録を作成し、出席取締役及び出席監査役の全員が記名押印する。

令和○年５月９日

取締役会で代表取締役を選定した場合は、会社代表印を押印する（登記申請の便宜のため。本議事録では代表取締役を選定していないので認印でも可）

株式会社星光商事　取締役会

議　　　　　長
代表取締役社長　　星　光男　　印（認印でも可）

出席取締役　　崎岡　円蔵　　㊞

出席取締役　　井田　善治　　㊞

出席監査役　　村田　一郎　　㊞

書式５　定時株主総会議事録例

第○回定時株主総会議事録

1．開催日時

令和○年５月27日（水曜日）午前10時00分～午前11時00分

2．開催場所

東京都××区××五丁目２番１号　当社××ビル×階

当社本店第×会議室

3．出席取締役及び監査役

取締役　星光男、崎岡円蔵、井田善治

監査役　村田一郎

4．議長

当社定款第×条第×項の規定により、代表取締役社長星光男が議長となった。

5．

株主の総数	10名
発行済株式の総数	1000株
（自己株式の総数	0株）
議決権を有する総株主の数	10名
総株主の議決権の数	1000個
出席株主の数（委任状出席を含む）	10名
出席株主の議決権の数	1000個

6．議事の経過の要領及びその結果

上記５.のとおり定足数に足る株主の出席があったので、本総会は適法に成立した。よって、議長は、開会を宣すると共に、直ちに議事に入った。

［報告事項］

第○期（令和○年４月１日から令和○年３月31日まで）事業報告の内容報告の件

議長は取締役を代表し、第○期事業年度に関する事業報告を議場に提出し、その内容を報告した。

［決議事項］

第１号議案　第○期計算書類承認の件

議長は取締役を代表し第○期に係る計算書類（貸借対照表、損益計算書、株主資本等変動計算書及び個別注記表）を議場に提出し、その内容を説明した。

ついで、議長は第○期計算書類の承認の可否を議場に諮ったところ、出席株主は満場異議なくこれを承認可決した。

第２号議案　取締役３名選任の件

議長は、取締役全員が本総会の終結の時をもって任期満了となり退任するので、取締役の改選の必要がある旨を説明し、また、その候補者は星光男、崎岡円蔵及び井田善治としたい旨を述べた。ついで、議長がその選任の可否を議場に諮ったところ、出席株主の議決権の過半数の賛成をもって本議案は原案どおり承認可決された。

なお、被選任者は席上その就任を承諾した。

議長は、以上をもって、本総会における報告及び全議案の審議を終了した旨を述べ閉会を宣した。

７．議事録の作成について

上記議事の経過の要領及びその結果を明確にするため、議長は本議事録を作成し、記名押印する。

令和○年５月27日

株式会社星光商事　第○回定時株主総会

実務上は総会議事録にも会社代表印を押してもらうことが多い

議長・議事録作成者

代表取締役社長　　星　光男　　印（認印でも可）

書式6　株主総会議事録例（株主総会の開催を省略した場合）

第○回定時株主総会議事録

1．株主総会への報告及び株主総会の決議があったとみなされた日
令和○年５月27日（水曜日）
2．株主総会の決議があったとみなされた事項の提案者
代表取締役社長　星　光男
3．議事録の作成に係る職務を行った取締役
代表取締役社長　星　光男
4．株主の総数　5名
発行済株式の総数　1000株
自己株式の総数　0株
議決権を有する総株主の数　5名
総株主の議決権の数　1000個
5．株主総会の目的である事項

［報告事項］
第○期（令和○年４月１日から令和○年３月31日まで）事業報告の内容報告の件

令和○年５月10日、代表取締役社長星光男が株主の全員に対し、別紙のとおり上記報告事項を通知し、当該事項を株主総会に報告することを要しないことにつき、令和○年５月27日までに株主の全員から書面により同意の意思表示を得たので、会社法第320条に基づき、当該事項の株主総会への報告があったものとみなされた。

［決議事項］
第１号議案　　第○期（令和○年４月１日から令和○年３月31日まで）

計算書類承認の件

第２号議案　　取締役３名選任の件

当社の取締役３名が任期満了となるため、下記の者を取締役として選任すること

取締役　　星光男

取締役　　崎岡円蔵

取締役　　井田義治

令和○年５月10日、代表取締役社長星光男が株主の全員に対し、別紙のとおり上記決議事項について提案し、当該提案につき、令和○年５月27日までに株主の全員から書面により同意の意思表示を得たので、会社法第319条第１項に基づき、当該提案を可決する旨の株主総会の決議があったものとみなされた。

上記のとおり、株主総会への報告の省略及び株主総会の決議の省略を行ったので、株主総会への報告並びに株主総会の決議があったとみなされた事項の内容を明確にするため、会社法施行規則第72条第４項の規定に基づき本議事録を作成し、議事録の作成に係る職務を行った取締役が記名押印する。

株式会社星光商事　第○回定時株主総会

実務上は総会議事録にも会社代表印を押してもらうことが多い

議事録作成者

代表取締役社長　　　星　光男　　印（認印でも可）

3 計算書類の承認と総会後の事務

会社の会計情報を開示する書類で貸借対照表などがある

計算書類の承認

貸借対照表、損益計算書、株主資本等変動計算書、個別注記表を計算書類といいます。計算書類の金額は１円単位、千円単位、あるいは百万円単位で表示します。

貸借対照表とは、事業年度末（当期末と表現されます）の会社の財政状態を具体的な数値で表した書類です。損益計算書は、一定の期間中における会社の経営成績を数値で表した書類です。株主資本等変動計算書とは、事業年度中の純資産の変動状況を示す書類です。こうした計算書類を理解するために必要となる重要な事項を注記として記載してまとめた書類を個別注記表といいます。

会社は、こうした計算書類と共に事業報告、附属明細書を作成し、会社の財政状態や経営成績を株主に開示しなければなりません。

事業報告は、会社の状況を数値で表す計算書類とは異なって、会社の事業の状況を文章で説明したもので、事業報告を作成する際のもととなる情報も会計帳簿に限りません。なお、附属明細書は、計算書類と事業報告の記載内容を補足するもので、重要な事項の明細を記載した書類です。

株主総会での承認

取締役会設置会社の場合、監査役や会計監査人による監査を受けた計算書類は、取締役会に提出され、取締役会の承認を得てから定時株主総会に提出されます。

定時株主総会では、「第○号議案 第○○期計算書類承認の件」といった形で決議事項としてとりあげられ、提出された計算書類について承認するかどうかの決議が行われます。定時株主総会での決議の結果、計算書類が承認されれば、その事業年度の計算書類が確定したことになります。

臨時計算書類（臨時決算日の会社の財産を把握するための計算書類のこと）を作成した場合も、株主総会の承認が必要です。臨時計算書類に基づいて株主に剰余金を配当することが認められているため、その元となる計算書類について株主の判断が必要と考えられているからです。

ただし、会計監査人設置会社の場合は、取締役が計算書類の内容を定時株主総会に報告するだけで、定時株主総会の承認を得なくてもよい場合があります（会社法439条）。

決算公告・登記・議事録

貸借対照表などの計算書類を公告することを決算公告といいます。上記の通り、株式会社は、定時株主総会の終結後、遅滞なく決算公告をしなければならないのが原則です（会社法440条）。公告が義務付けられている決算書類は貸借対照表ですが、大会社の場合は貸借対照表及び損益計算書の公告が義務付けられています。定款に「公告をする方法」を「官報」または「日刊新聞紙」と定めた場合であっても、電

■ 会社法で定められている４種類の計算書類 …………………

貸借対照表	事業年度末（当期末）の会社の財政状態を具体的な数値で表した書類
損益計算書	一定の期間中における会社の経営成績を数値で表した書類
株主資本等変動計算書	事業年度中の純資産がどれだけ変動したのかを示す書類
個別注記表	計算書類を理解するために必要となる重要な事項を注記として記載してまとめた書類

子公告と同様の方法で行うことができます。

株主総会決議で会社の登記事項が変更された場合には、登記申請が必要です。会社の登記事項を変更した場合、原則として変更したときから２週間以内に変更の登記をしなければなりません。そして、登記申請の際には株主総会決議があったことを証明する書類として、株主総会議事録を登記申請書に添付します。

株主総会が開催された場合には議事録を作成することになります。議事録の作成期限については、法律上明記されていませんが、株主総会の終了後、遅滞なく作成する必要があります。決議事項により登記の内容が変わる場合には、決議の日から２週間以内に変更の登記を行う必要があります。登記申請書には、株主総会議事録を添付するため、この場合には少なくとも決議後２週間以内に議事録を作成しなければならないことになります。

議事録の記載事項は会社法などで法定されています。株主総会議事録に必ず記載しなければならない事項は、株主総会の開催日時・場所、株主総会の議事の経過の要領とその結果、株主総会に出席した取締役・執行役・会計参与・監査役・会計監査人の氏名または名称などです。また、議事録には作成者の氏名を記載します。

■ 監査役や会計監査人による計算書類の監査 …………………

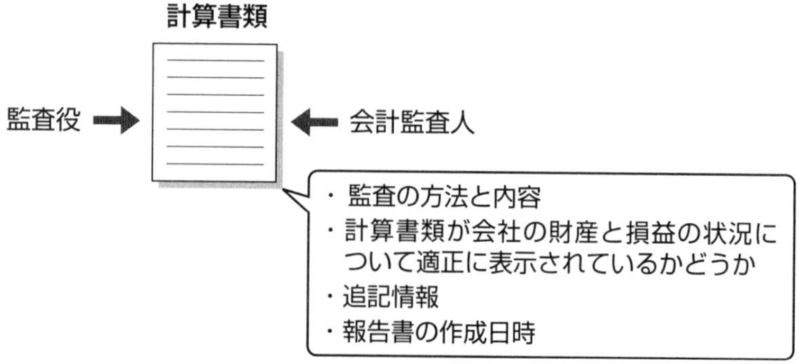

第４章

役員等の選任・解任に関する議事録と登記

1 役員等の選任・解任について知っておこう

役員は株主総会の決議で選任・解任される

役員の選任・解任の通則

役員（取締役・監査役・会計参与）と会計監査人の選任は、株主総会の普通決議（26ページ）で行います。ただし、その定足数は、定款の定めによっても、議決権を行使できる株主の議決権の３分の１以上としなければなりません（会社法341条）。なお、選任決議の際に、役員が欠けた場合や、法律または定款で定めた人数を欠くことになった場合に備えて、補欠役員を選任することも可能です。

役員と会計監査人の解任は、いつでも、選任決議と同様の普通決議で行うことができます。ただし、監査役及び後述する累積投票制度によって選任された取締役の解任は、特別決議によることが必要です。正当な理由なく役員または会計監査人を解任した場合、会社は損害賠償責任を負うことがあります（会社法339条２項）。なお、本章では特に断りのない限り、指名委員会等設置会社及び監査等委員会設置会社を除きます。

取締役の選任・解任

取締役会非設置会社で代表取締役を選定していない場合は、取締役が各自代表権を有し、業務の執行を行うのが原則です。これに対し、取締役会設置会社の場合、取締役は、会社の業務執行の決定機関である取締役会の構成員になります。そして、取締役は会社に必ず置かなければなりません。取締役会非設置会社では、複数名置くとする定款の定めがない限り１名を選任すれば足りますが、取締役会設置会社では３名以上の取締役の選任が必要です。

会社法が規定する欠格事由に該当する者（法人、会社法違反による刑の執行を終えた日から２年を経過していない者など）は、取締役になることができません。未成年者、成年被後見人、被保佐人、破産手続開始の決定を受け復権（破産によって失った権利を回復すること）を得ていない者は、取締役の欠格事由に該当しません。令和元年成立の会社法改正で、成年被後見人や被保佐人が取締役の欠格事由から除外されました。なお、非公開会社では、取締役を株主に限定する旨の定款の定めを設けることが可能です。

取締役は、株主総会の普通決議で選任され、就任を承諾したときに取締役の地位に就きます。もっとも、取締役選任の特有の制度として累積投票制度があります（会社法342条）。累積投票制度とは、取締役を２人以上選任する場合で、株主からの請求があるときに、１議決権あたり取締役選任数と同数の議決権を株主に与える制度です。特に少数派株主が全議決権を１人に集中させることで、少数派株主の希望する取締役が選任される可能性が生じます。なお、累積投票制度は、定款の定めで完全に排除することができます。

他方、取締役は、株主総会の普通決議で、いつでも解任することができますが、累積投票制度によって選任された取締役を解任するときは、株主総会の特別決議（27ページ）が必要です。

■ 会社のパターンと取締役の任期のまとめ

員数	１人または２人以上（取締役会設置会社は３人以上）
任期	・原則→２年（定款または株主総会決議で短縮できる） ・例外１…指名委員会等設置会社・監査等委員会設置会社以外の非公開会社 →定款の定めで最長10年まで伸長できる ・例外２…指名委員会等設置会社 →１年 ・例外３…監査等委員会設置会社の監査等委員以外の取締役 →１年

取締役の任期

取締役の任期は「選任後２年以内に終了する事業年度のうち最終のものに関する定時株主総会の終結の時」までですが、定款の定めまたは株主総会の決議で短縮することも可能です。ただし、非公開会社の取締役の任期は、定款の定めで「選任後10年以内に終了する事業年度のうち最終のものに関する定時株主総会の終結の時」まで伸長できます。

代表取締役の選定・解職

代表取締役は会社を代表し、会社の業務を執行する取締役のことです。取締役会設置会社では、取締役会の決議で取締役の中から１名以上の代表取締役を選定する必要があります（会社法362条３項）。

これに対し、取締役会非設置会社の場合は、取締役が複数名いる場合、定款の定めに基づく取締役の互選または株主総会の決議によって、代表取締役を選定することができます。取締役会非設置会社では、原則として取締役全員が各自代表権を有しますが、代表取締役を選定した場合は、その代表取締役のみが会社を代表することになるため、他の取締役は会社を代表する権限を失います。代表取締役を解職するには、取締役会設置会社では、取締役会の決議が必要です。他方、取締役会非設置会社では、取締役の過半数の一致または株主総会の決議が必要になります。なお、代表取締役に独自の任期はなく、取締役の地位を失うことによって当然に代表取締役の地位も失います。

監査役の選任・解任

監査役は、取締役や会計参与の職務執行を監査する機関です。取締役会も取締役などの職務執行を監督しますが、仲間意識から十分な監督ができないおそれがあります。そこで、取締役会から独立した監査役が職務執行の監査を行うと規定しています。監査役は職務執行を監査する権限（業務監査権）に加え、会計に関する監査をする権限（会計監査権）を有します。ただし、非公開会社（監査役会設置会社及び会計監査人設置会社を除く）では、定款の定めで監査役の監査権限を会計監査権に限定することができます。

なお、会社法上の監査役設置会社は、業務監査権を有する監査役を設置する会社をいいます（会社法２条９号）。これに対し、商業登記上は、監査役の業務監査権の有無にかかわらず「監査役設置会社」と登記されますが、会計監査権に限定するときはその旨も登記されます。

会計参与設置会社以外の取締役会設置会社及び会計監査人設置会社は、監査役の設置義務があるため、原則として１名以上の監査役を選任する必要があります。さらに、監査役会設置会社は、３名以上の監査役を選任する必要があります。また、そのうち半数以上は社外監査役でなければなりません。

監査役にも取締役と同様の欠格事由があります（会社法335条１項、会社法331条）。これに加えて、監査役は取締役や会計参与の職務執行を監査する立場にあるため、会社またはその子会社の取締役または支配人その他の使用人や、子会社の会計参与または執行役を兼ねることができません。自ら業務を執行する者に業務の執行を適正に監査することは期待できないためです。

前述したように、監査役の選任は株主総会の普通決議によるのに対し、解任は株主総会の特別決議が必要になります。

監査役の任期

監査役の任期は「選任後４年以内に終了する事業年度のうち最終のものに関する定時株主総会の終結の時」までです（会社法336条）。ただし、取締役の任期と同様、非公開会社の監査役の任期は、定款の定めで「選任後10年以内に終了する事業年度のうち最終のものに関する定時株主総会の終結の時」まで伸長することができます。

監査役の設置義務

取締役会設置会社では、原則として監査役を置かなければなりません。ただし、非公開会社でかつ大会社（12ページ）でない取締役会設置会社は、会計参与を設置すれば、監査役は設置しなくてもよいことになっています。また、取締役会非設置会社は監査役を設置する義務がありません。なお、会計監査人設置会社にも、監査役の設置が義務付けられていますが、指名委員会等設置会社及び監査等委員会設置会社には監査役を置くことができません。監査を行う機関として監査委員や監査等委員がいるためです。

会計監査人の選任・解任及びその任期

会計監査人は、会社の計算書類やその附属明細書などを監査する機関です。会計監査の専門家である公認会計士または監査法人でなければ、会計監査人に就任できません。大会社、指名委員会等設置会社、監査等委員会設置会社には会計監査人の設置義務があります。

会計監査人は、会社の計算書類などの不正を監査する立場にあることから、公認会計士法の規定によりその会社の計算書類の監査を行えない者（その会社の役員である公認会計士など）、会社の子会社または会社の取締役などから公認会計士または監査法人の業務以外の業務により継続的な報酬を受けている者またはその配偶者などを、会計監査人とすることはできません。

会計監査人は、株主総会の普通決議で選任・解任され、その任期は「選任後１年以内に終了する事業年度のうち最後の事業年度について開催される定時株主総会の終結時」までです。ただし、その定時総会で別段の決議がないときは、再任されたとみなされます。

また、株主総会に提出する会計監査人の選任・解任・不再任に関する議案の内容は、監査役（監査役会設置会社の場合は監査役会、監査等委員会設置会社の場合は監査等委員会、指名委員会等設置会社の場合は監査委員会）が決定します（会社法344条、399条の２、404条）。

会計参与の選任・解任及びその任期

会計参与は、取締役と共同して計算書類及びその附属明細書などを作成する職務を担う機関です。主に会計監査人が置かれていない中小企業において正確な企業会計が行われるようにするために導入された制度です。会計監査人と異なり、他に継続的な報酬を受けていてもよく、顧問税理士なども会計参与になれます。どのような機関設計をする会社であっても、任意に会計参与を置くことが可能です。会計参与は、公認会計士、監査法人、税理士、税理士法人のいずれかでなければなりません。また、会社またはその子会社の取締役、監査役、執行役、支配人その他の使用人や、会計監査人の職に就いている者を会計参与に選任することはできません。

会計参与は、株主総会の普通決議で選任・解任され、その任期は「選任後２年以内（指名委員会等設置会社及び監査等委員会設置会社では選任後１年以内）に終了する事業年度のうち最終のものに関する定時株主総会の終結時」までです。任期を定款の定めまたは株主総会の決議で短縮することも可能です。ただし、指名委員会等設置及び監査等委員会設置会社以外の非公開会社であれば、定款の定めにより任期を10年まで延長することができます。

役員及び会計監査人の登記される事項

取締役・監査役の氏名、会計参与・会計監査人の氏名または名称、代表取締役の住所・氏名が登記事項になります。指名委員会等設置会社では、執行役の氏名、代表執行役の住所・氏名が登記事項になります。また、それらの就任・重任・辞任・退任・解任など、役員等の資格の得喪に関する旨、及びその年月日も登記事項になります。

2 取締役・代表取締役の選任・解任に関する議案の作成方法

どのような理由で、誰が選任されたのかを明記する

書式1　任期満了に伴う取締役の選任に関する株主総会議案例

定時株主総会を開催し、その終結をもって定款の規定により取締役全員の任期が満了するため、現任の取締役全員を再選重任する場合の株主総会議案例です。定時株主総会の終結をもって取締役が任期満了退任する場合は、その定時株主総会で予選する（任期満了後に就任する取締役をあらかじめ選任する）のが一般的です。

なお、株主総会において、取締役の選任を議長に一任することは出来ません。したがって、「議長は取締役として○○を指名し、○○は即時に就任を承諾した」という記載のように、議長の指名だけで終わっており、株主総会の議決を経ていない場合は、取締役の選任自体が効力を生じませんので注意が必要です。

ただし、議長に取締役の選任を一任しても、議長の指名後、その指名した者について株主総会の承認が得られれば、取締役の選任が効力を生じます。この場合、「議長の指名に一任し、議長は取締役として○○を指名し、その可否を議場に諮ったところ、満場一致で選任可決された」などのように記載します。

書式2　任期満了に伴う取締役の選任に関する株主総会議案例

書式１と同様、定時株主総会を開催し、その終結をもって定款の規定により取締役全員の任期が満了するため、取締役を選任するときの株主総会議案例です。書式１と異なり、一部の取締役が再選されない書式になっています。

書式3　定款変更による任期満了に伴う取締役の選任に関する株主総会議案例

定款を変更して、取締役の任期を短縮した場合には、現在就任している取締役の任期も短縮されます。定款変更の時点で、在任中の取締役の任期が、選任時から起算したときに定款変更後の任期を過ぎている場合には、定款変更の時点で取締役が任期満了退任になると扱われているため、本書式のように取締役を選任する必要が生じます。本書式では、取締役丙野三郎が再選されていませんが、任期短縮により取締役を退任させる旨の決議は、解任と同様の結果をもたらしますので、その運用には注意を要するといえるでしょう。

書式４　増員取締役の選任に関する株主総会議案例

取締役の任期が複数年の会社の定款には、「増員により選任された取締役の任期は、他の在任取締役の任期の満了すべき時までとする」旨の規定があることが多いでしょう。

本書式では、新たに選任する取締役が任期短縮の定款規定の適用を受ける「増員取締役」であることを明記しています。「なお」以降は、必須の記載ではありませんが、取締役が多い会社では、新しく選任した取締役の任期がいつまでであるかを株主総会議事録にわかりやすく明記しておくのもよいでしょう。

書式５　補欠取締役の選任に関する株主総会議案例

取締役の任期が複数年の会社の定款には、「補欠により選任された取締役の任期は、前任取締役の任期の満了すべき時までとする」旨の規定があることが多いでしょう。

本書式では、選任する取締役が任期短縮の定款規定の適用を受ける「補欠取締役」であることを明記しています。「なお」以降は、書式４と同様に必須の記載ではありません。

書式６　取締役の解任に関する株主総会議案例

取締役などの役員や会計監査人を株主総会決議によって解任する場合には、株主総会において解任に値する正当な理由を説明すべきです。正当な理由がないと、会社は解任した役員などに対し、解任によって生じた損害（解任されなければ得られたはずの報酬など）を賠償しなければならないからです。正当な理由としては、職務執行上の法令、定款の違反行為、職務への著しい不適任、職務に支障を生じさせる程度の心身の故障などが挙げられます。

書式７　代表取締役の選定（再選）に関する取締役会議案例

代表取締役である取締役が、定時株主総会の終結をもって任期満了になると、代表取締役としての前提資格（取締役）を喪失し、双方を退任したと扱われます。本書式は、代表取締役であった取締役が定時株主総会で再選され、定時株主総会後に開催された取締役会において、代表取締役にも再選された場合の取締役会議案例になります。

書式８　代表取締役の選定に関する取締役会議案例

書式７と異なり、代表取締役であった取締役が、定時株主総会で再選されず、その終結時に任期満了をもって退任し、定時株主総会後に開催される取締役会において、後任の代表取締役を選定する場合の取締役会議案例になります。

代表取締役の変更登記には、前の代表取締役が取締役会に出席し、かつ、議事録に従前の届出代表印が押されている場合を除き、出席した取締役・監査役全員の印鑑証明書が必要です（商業登記規則61条６項）。書式８の場合、星光男は出席しませんので必要です。

書式９　代表取締役の選定に関する取締役決定書（代表取締役の互選書）例

たとえば、「取締役が２名以上いるときは、代表取締役を１名以上置き、取締役の互選によって定める」など、代表取締役を取締役の互選で選定する旨の定款規定がある取締役会非設置会社の取締役決定書（代表取締役の互選書）例です。当該互選書に、登記申請のため、出席取締役（及び出席監査役）の全員が個人の実印を押印し、その印鑑証明書を添付しておく必要があります（取締役決定書の全体の書式例については41ページの書式３参照）。

書式1　株主総会議案例（任期満了に伴う取締役の選任〈全員再選重任〉）

第○号議案　任期満了に伴う取締役改選の件

議長は、当社定款第○条の規定により、本定時総会終結の時をもって取締役３名全員が任期満了し退任することになるので、その改選が必要な旨を述べ、現任取締役である星光男、崎岡円蔵及び井田善治の３名の再選を提案し、議場に諮ったところ、本議案は満場異議なく承認可決された。

なお、被選任者は席上その就任を承諾した。

書式2　株主総会議案例（任期満了に伴う取締役の選任〈一部の取締役の退任〉）

第○号議案　取締役３名選任の件

議長は、本総会の終結の時をもって取締役３名全員が任期満了し退任することとなるので、下記のとおり２名の再選及び新たに１名の選任をしたい旨を述べ、議場に諮ったところ満場異議なくこれを承認可決した。

記

取締役　崎岡　円蔵
取締役　井田　善治
取締役　丁原　四郎（新任）

なお、被選任者である崎岡円蔵及び井田善治は席上取締役に就任することを承諾した。

書式３　株主総会議案例（定款変更による任期満了に伴う取締役の選任）

第１号議案　　定款一部変更の件

議長は、下記のとおり当社の定款を一部変更したい旨を述べ、その可否を諮ったところ、出席株主は満場一致をもってこれを承認可決した。

記

現行定款	変更案
（取締役の任期） 第24条　取締役の任期は、選任後10年以内に終了する事業年度のうち最終のものに関する定時株主総会の終結の時までとする。 ２　補欠又は増員により選任された取締役の任期は、前任取締役又は他の在任取締役の任期の満了すべき時までとする。	（取締役の任期） 第24条　取締役の任期は、選任後２年以内に終了する事業年度のうち最終のものに関する定時株主総会の終結の時までとする。 ２　補欠又は増員により選任された取締役の任期は、前任取締役又は他の在任取締役の任期の満了すべき時までとする。

※下線は変更部分を示す。

第２号議案　　取締役３名選任の件

議長は、第１号議案の定款変更により、取締役星光男、崎岡円蔵、井田善治の３名全員が任期満了退任となったため、改めて取締役を３名選任したい旨を述べ、その候補者として星光男、崎岡円蔵、井田善治の３名を指名した。

ついで、議長は取締役として上記３名を選任することの可否を議場に諮ったところ、出席株主は満場一致をもってこれを承認可決した。

なお、被選任者である星光男、崎岡円蔵は席上取締役に就任することを承諾した。

書式4　株主総会議案例（増員取締役の選任）

第○号議案 取締役１名選任の件

議長は、業務の都合上、取締役を１名増員したい旨を述べ、その候補者として丁原四郎を指名し、増員取締役として丁原四郎を選任することの可否を議場に諮ったところ、出席株主は満場一致でこれを承認可決した。

被選任者である丁原四郎は、席上取締役に就任することを承諾した。

なお、議長より、増員取締役である丁原四郎の任期は、当社定款第○条第○項の規定により、令和○年○月に開催予定の第○回定時株主総会の終結の時までであることが説明された。

書式5　株主総会議案例（補欠取締役の選任）

第○号議案 取締役１名選任の件

議長は、取締役星光男氏が令和○年５月15日に逝去されたため、その補欠として取締役を１名選任する必要がある旨を述べ、その候補者として、丁原四郎氏を指名した。

ついで、議長は、丁原四郎氏を取締役に選任することの可否を議場に諮ったところ出席株主は満場一致をもってこれを承認可決した。

なお、議長より補欠として選任された丁原四郎氏の取締役としての任期は、当社定款第○条第○項の規定により、前任取締役星光男氏の任期の満了すべき時まで（令和○年○月開催予定の第○回定時株主総会終結時）であることが説明された。

書式6　株主総会議案例（取締役の解任）

第○号議案 取締役解任の件

議長は、当社の取締役井田善治が、令和○年○月○日から令和○年○月○日までの間、合計約○万円の正当な理由のない経費の使い込みを行った事実を議場に報告した。ついで、議長は当該事実があったことを理由に取締役井田善治を本日付をもって解任したい旨を述べ、議場に諮ったところ、出席株主は満場一致をもってこれを承認可決した。

書式7　取締役会議案例（代表取締役の選定〈再選〉）

第○号議案 代表取締役選定の件

議長は、代表取締役星光男が本日開催の第○回定時株主総会の終結の時をもって取締役の任期満了となり、改選によって取締役再選重任となったため、改めて代表取締役に星光男を選定したい旨を述べ、議場に諮ったところ、取締役３名全員の賛成により本議案は承認可決された。

なお、被選定者である星光男は席上代表取締役に就任することを承諾した。

書式８　取締役会議案例（代表取締役の選定）

第○号議案 代表取締役選定の件

議長は、代表取締役星光男が本日開催の第○回定時株主総会の終結の時をもって任期満了退任したので改めて代表取締役を選定する必要がある旨を述べ、その選定方法を諮ったところ、取締役井田善治より、取締役崎岡円蔵を代表取締役に推薦する旨の発言があった。

議長は、井田善治の推薦のとおり崎岡円蔵を代表取締役に選定することの可否を議場に諮ったところ、取締役全員の賛成により承認可決された。

なお、被選定者である崎岡円蔵は席上その就任を承諾した。

書式９　取締役決定書（代表取締役の互選書〈代表取締役の選定の例〉）

１．代表取締役選定の件

代表取締役である取締役星光男が令和○年５月15日に逝去されたため、当社定款第○条の規定に基づき、取締役の互選によって崎岡円蔵を代表取締役に選定する。

なお、被選定者である崎岡円蔵は席上代表取締役に就任することを承諾した。

3 その他の役員等の選任・解任に関する議案の作成方法

会計監査人選任に関する議案の決定権者は監査役である

書式10　監査役の選任に関する株主総会議案例

監査役設置会社の定款には、「補欠により選任された監査役の任期は、前任監査役の任期の満了すべき時までとする」旨の規定があることが多いでしょう。本書式は、辞任する監査役の後任となる者を選任する場合の書式です。監査役が社外監査役であること、監査役の選任に関する議案について監査役の同意（監査役が２名以上の場合はその過半数の同意）を得ている点は、議事録の必要的記載事項ではありませんが、重要なことなので記載しておきます。

書式11　補欠監査役の選任に関する株主総会議案例

会社は、役員が欠けた場合や、会社法または定款で定めた役員の員数を欠くことになるときに備えて、補欠の役員をあらかじめ選任することができます（会社法329条３項）。「補欠役員」には、書式５のように「退任して欠員がでた役員の補欠として選任された役員」と、本書式のように「欠員が出た場合に備えてあらかじめ選任された役員」という２つの意味がありますので、注意してください。

書式12　監査役選任議案についての同意に関する監査役会議案例

取締役が監査役の選任に関する議案を株主総会に提出する場合には、監査役の同意（監査役が２人以上いる場合はその過半数の同意）が必要ですが（会社法343条１項）、監査役会設置会社では監査役会の同意が必要です（会社法343条３項）。

なお、監査役設置会社において、取締役が会計監査人の選任に関する議案を株主総会に提出する場合も、監査役の決定（監査役が２人以上いる場合はその過半数による決定、監査役会設置会社の場合は監査役会の決定）が必要です（会社法344条１項・３項）。この場合も本書式を参考に議案を作成することが可能です。

書式13　監査役選任議案を株主総会に提出することの請求に関する監査役会議案例

監査役は取締役に対し、監査役の選任を株主総会の目的とすること、または監査役の選任に関する議案を株主総会に提出することを請求することができますが（会社法343条２項）、監査役会設置会社においては、これらの請求は監査役会が行います。なお、監査役（監査役会設置会社の場合は監査役会）は、株主総会に提出する会計監査人の選任議案の内容を決定することができます（会社法344条１項）。取締役が会計監査人の監査に不当な影響を及ぼさないようにするためです。

書式14　常勤監査役の選定及び解職に関する監査役会議案例

監査役会設置会社は、監査役の中から常勤の監査役を選定しなければなりません（会社法390条３項）。常勤監査役の選定及び解職は監査役会の決議事項とされ（会社法390条２項２号）、株主総会で監査役の改選があった場合は、その後の監査役会で常勤監査役を選定することになります。常勤監査役とは字句通り、会社の営業時間中、その会社の監査役の職務に専任する者を指すと解されています。そのため、常勤監査役が他社の役員となり「常勤」という勤務形態にそぐわなくなった場合には、任務懈怠などに該当する可能性がありますので、その者の解職を検討することになります。

書式15　会計参与の設置・選任に関する株主総会議案例

会計参与の設置が義務付けられている会社はありませんので、どのような機関設計の会社も会計参与を置くことができます。ただし、非公開会社（大会社を除く）の取締役会設置会社において監査役を置かない場合は、監査等委員会設置会社や指名委員会等設置会社を除き、会計参与を置く必要があります（会社法327条２項ただし書）。会計参与を設置していない会社が新たに会計参与を設置する場合には、会計参与の選任と合わせて定款変更の決議が必要です。

書式16　会計監査人の選任に関する株主総会議案例

会計監査人の選任は、取締役の選任と同じく、株主総会の普通決議によって行われます。そして、会計監査人の選任・解任・不再任に関する議案を決定する権限は、監査役（監査役会設置会社の場合は監査役会、監査等委員会設置会社の場合は監査等委員会、指名委員会等設置会社の場合は監査委員会）が有しています。

したがって、株主総会議案例には「会計監査人の選任に関する議案は監査役が決定している」などと記載し、監査役などが議案を決定していることを明確にする必要があります。

書式17　会計監査人の解任に関する監査役会議案例

会計監査人は、取締役の解任と同じく、いつでも株主総会の普通決議によって解任することができます（会社法339条１項）。株主総会決議による解任は、特に解任の理由が不要とされています。

これに対し、監査役（監査役会設置会社の場合は監査役会、指名委員会等設置会社の場合は監査委員会、監査等委員会設置会社の場合は監査等委員会）も会計監査人を解任することができますが、職務上の義務に違反した場合、職務を怠った場合、会計監査人としてふさわしくない非行があった場合、心身の故障により職務の執行が難しい場合のいずれかの理由が必要です（会社法340条１項）。さらに、監査役が２名以上いる場合は監査役全員の同意、指名委員会等設置会社の場合は監査委員全員の同意、監査等委員会設置会社の場合は監査等委員全員の同意を得ることも必要とし、株主総会決議と異なり、要件が加重されています。

以上によって監査役などが会計監査人を解任したときは、解任後最初に招集される株主総会において、その監査役などは、会計監査人を解任した旨及びその理由を説明しなければなりません（会社法340条３項）。

書式10　株主総会議案例（監査役の選任）

第○号議案 監査役１名選任の件

議長は、監査役村田一郎が本総会の終結時をもって辞任するため、監査役を１名選任する必要がある旨を述べ、その候補者として田中次郎を指名した。また、田中次郎は会社法第２条第16号に規定する社外監査役である旨、並びに当該候補者の指名については監査役の同意を得ている旨を報告した。

ついで、議長は、田中次郎を監査役に選任することの可否を議場に諮ったところ、出席株主の議決権の過半数の賛成により承認可決された。

書式11　株主総会議案例（補欠監査役の選任）

第○号議案 補欠監査役１名選任の件

議長は、法令に定める監査役の員数を欠くことになる場合に備え、補欠監査役を１名選任したい旨を述べ、その候補者として鈴木三郎を指名した。

また、議長は、補欠監査役候補者鈴木三郎は会社法第２条第16号に規定する社外監査役候補者である旨、本議案については監査役会の同意を得ている旨を説明した。

ついで、議長は補欠監査役として鈴木三郎を選任することの可否を議場に諮ったところ、議決権行使書による意思表示も含め出席株主の議決権の数の過半数の賛成を得て本議案は承認可決された。

書式12　監査役会議案例（監査役選任議案についての同意）

第○号議案 監査役選任議案に同意する件

議長は、監査役村田一郎氏から第○期定時株主総会の終結時をもって辞任したいとの申出があったことを受け、代表取締役から第○期定時株主総会において新たに田中次郎氏を監査役に選任する議案を提出したいとの申し出があり、監査役会の同意を求められた旨を説明した。ついで、議長が、当該同意の可否を議場に諮ったところ、出席監査役は全員異議なくこれに同意した。

書式13　監査役会議案例（監査役選任議案を株主総会に提出することの請求）

第○号議案 監査役選任に関する議案を株主総会に提出することを請求する件

議長は、監査役村田一郎氏から第○期定時株主総会の終結時をもって辞任したいとの申出があったことから、新たに田中次郎氏（経歴などは別添資料記載のとおり）を監査役に選任する議案を第○期定時株主総会に提出することを取締役に対して求めることを諮ったところ、出席した監査役全員がこれに同意した。

書式14　監査役会議案例（常勤監査役の選定及び解職）

第○号議案 常勤監査役選定の件

議長は、本日開催の定時株主総会において監査役が増員されたことから、改めて常勤監査役の選定を諮ったところ、監査役村田一郎氏から監査役○○○○氏を常勤監査役に選定したい旨の提案があった。

そこで、議長が監査役○○○○氏を常勤監査役に選定することの可否を議場に諮ったところ、出席監査役は全員異議なくこれを承認可決した。

なお、監査役○○○○氏は、席上常勤監査役に就任することを承諾した。

第○号議案 常勤監査役解職の件

議長は、常勤監査役村田一郎氏が新たに株式会社○○商事の監査役に就任したため、当社の常勤監査役の職務に専念できなくなった旨を報告し、村田一郎氏の常勤監査役の職を解職したい旨を提案した。

そこで、議長が第○号議案を議場に諮ったところ、出席監査役は全員異議なく原案どおり承認可決した。

書式15　株主総会議案例（会計参与の設置・選任）

第○号議案 定款一部変更の件

議長は、別紙のとおり当会社の定款を変更し、監査役設置会社の旨の定めを廃止し、会計参与設置会社の旨の定めを新設したい旨を述べ、議場に諮ったところ、出席株主は満場一致をもってこれを承認可決した。

第○号議案 会計参与１名選任の件

議長は、会計参与を１名選任する必要がある旨を述べ、その候補者として下記の者を指名した。

記

氏　　　名	戊山　五郎
資　　　格	税理士
事務所所在地 (計算書類等備置場所)	東京都○○区○○二丁目３番４号

議長の指名について審議の結果、出席株主は満場異議なくこれを承認可決した。

書式16　株主総会議案例（会計監査人の選任）

第○号議案　会計監査人選任の件

議長は、当社の会計監査人である有限責任監査法人ＡＢＣが本定時総会終結をもって辞任するので、本総会において会計監査人の選任を求めたい旨、その候補者は「第○回定時株主総会招集ご通知」の○ページに記載のある有限責任監査法人ＷＸＹである旨及び本議案は監査役会の決定によるものである旨をそれぞれ説明し、これについて賛否を求めた。

議長が議場に諮ったところ、出席株主の議決権の過半数の賛成により候補者たる有限責任監査法人ＷＸＹが当社の会計監査人に選任された。

なお、議長より、有限責任監査法人ＷＸＹからはあらかじめ書面によって就任の承諾を得ている旨の説明があった。

書式17　監査役会議案例（会計監査人の解任）

第○号議案　会計監査人解任の件

議長は、当社の会計監査人である有限責任監査法人○○を、別紙記載の事由により解任したい旨を述べ、その賛否を議場に諮ったところ、各監査役が慎重に審議した結果、監査役全員が同意し、原案どおり承認可決された。

4 役員等の変更に関する登記申請書の作成方法

株主総会議事録・取締役会議事録が添付書類となる

役員等の変更登記申請書の添付書類の通則

役員等の変更登記申請書の添付書類は、その変更の内容によって異なりますが、以下の①～⑫の書類が添付書類の主なものです。

①　株主総会議事録

役員等の選任・解任などを証明するために添付します。会社によっては、種類株主総会議事録の添付が必要になる場合もあります。

②　株主の氏名又は名称、住所及び議決権数等を証する書面（株主リスト）

役員等の選任・解任を決議した株主総会に関する株主リストを添付します。株主リストは、代表取締役が会社代表印の押印をもって証明しますが、登記申請時の代表取締役が証明するのであって、株主総会開催時の代表取締役ではないことに注意してください。

③　取締役会議事録

代表取締役の選定・解職を証明するために添付します。取締役会に出席した取締役と監査役に議事録への押印義務があります。

④　代表取締役の互選を証する書面

定款に「代表取締役を取締役の互選によって定める」旨の規定がある取締役会非設置会社の場合、代表取締役の選定・解職を証明するための書面（取締役決定書・代表取締役の互選書）を添付します。

⑤　監査役会議事録

監査役会による会計監査人の解任や仮会計監査人の選任を証明するために添付します。監査役会を設置していない場合は、監査役が会計監査人を解任したことや仮会計監査人を選任したことを証明する書面が、監査役会議事録に代わり必要になります。

⑥　定款

取締役会非設置会社において、定款の規定に基づき代表取締役を取締役の互選で選定する場合などに添付が必要になります。定款は、その内容を記載した書面の適宜の箇所に、「当社の定款に相違ありません」と記載の上、会社名、代表取締役の肩書、氏名を記入し、会社代表印を押印する方法で作成します。定款が複数ページにわたる場合は、各ページのつなぎ目に契印をするか、製本テープなどを用いて複数の紙面を綴じて（袋とじといいます）綴じ目に契印します。

⑦　役員等が就任を承諾したことを証する書面（就任承諾書）

役員等が選任され、その就任を承諾したことを証明するために添付します。就任承諾書は、選任・選定された役員等がその株主総会・取締役会に出席しており、出席している事実が議事録などから読み取れ、かつ選任・選定を決議・決定した議事録などから就任を承諾した事実が読み取れる場合は、その役員等に関しての就任承諾書の添付を省略することが可能とされています（この場合は、議事録などに被選任者の氏名だけでなく住所の記載も必要です）。

⑧　本人確認証明書

取締役、監査役または執行役の就任承諾書に記載した氏名・住所と同一の氏名・住所が記載された住民票の写しまたは本人が原本証明をした運転免許証の表裏のコピーなどを本人確認証明書として、添付する必要があります。本人確認の資料にするためです。ただし、後記⑫のとおり、印鑑証明書を添付する場合には、本人確認証明書の添付は不要です。

⑨　辞任したことを証する書面（辞任届）

辞任した役員等がいる場合に、役員等が辞任したことを証明するために添付します。辞任する役員等が株主総会・取締役会に出席しており、辞任の意思を表示したことが議事録などから読み取れる場合は、辞任届の添付を省略することが可能とされています。

取締役会非設置会社の代表取締役が辞任する場合は、辞任届の他、その選定方法により下記の添付書面が追加されます。

ⓐ　定款または株主総会の決議により選定された代表取締役が辞任する場合は、定款変更または辞任を承認する旨の決議がなされた株主総会議事録の添付が必要になります。

ⓑ　定款の定めに基づく取締役の互選により選定された代表取締役が辞任する場合は、定款の添付が必要になります。

なお、登記所届出印（会社代表印）を法務局に提出している代表取締役等が辞任する場合には、印鑑証明書の添付が必要となるケースがあります。詳細については82ページを参照してください。

⑩　死亡を証する書面

死亡した役員等がいる場合に、役員等が死亡したことを証明するために添付します。死亡した役員等の親族が作成した会社に宛てた死亡届、医師が作成した死亡診断書、死亡の記載のある戸籍謄抄本などが「死亡を証する書面」に該当します。

⑪　欠格事由に該当することを証する書面

役員等が欠格事由に該当した場合は当然に退任しますので、欠格事由に該当することを証明する書面を添付します。なお、破産手続開始の決定を受けたことは、役員等の欠格事由に該当しませんが、会社と役員等の関係は委任に関する規定に従うと規定されているため（会社法330条）、役員等が破産手続開始の決定を受けると委任契約が終了し（民法653条２号）、これに伴って退任したものと扱われます。この場合は、破産手続開始の決定書の謄本を添付して、役員等の退任による変更登記をする必要が生じます。

⑫　印鑑証明書

印鑑証明書は、取締役会非設置会社において取締役が就任（再任を除く）した場合、取締役会設置会社において代表取締役が就任（再任を除く）した場合、代表取締役等が辞任した場合（添付が必要となる場合は限定されています）の添付書類として必要です。また、代表取締役の就任による変更登記の際には、原則として、次のⓐ〜ⓒの印鑑について、印鑑証明書を添付する必要があります。

ⓐ　株主総会において代表取締役を定めた場合は、議長及び出席した取締役が株主総会議事録に押印した印鑑

ⓑ　取締役の互選によって代表取締役を選定した場合は、取締役が取締役決定書（代表取締役の互選書）に押印した印鑑

ⓒ　取締役会で代表取締役を選定した場合は、出席した取締役及び監査役が取締役会議事録に押印した印鑑

ただし、ⓐの株主総会議事録、ⓑの取締役決定書、ⓒの取締役会議事録に、代表取締役が法務局に届け出ている会社実印（会社代表印）を押印した場合、ⓐ〜ⓒの印鑑についての印鑑証明書の添付は省略可能です。

⑬　資格証明書

会計参与・会計監査人の就任（重任を含みます）による変更登記を申請する場合、会計参与が税理士・税理士法人・公認会計士・監査法人のいずれかであること、会計監査人が公認会計士・監査法人のいずれかであることを証明するために添付します。なお、税理士法人や監査法人の場合は、法人の登記事項証明書を添付します。これらの法人の会社法人等番号を申請書に記載すると、登記事項証明書の添付を省略することができます。

⑭　印鑑届書

印鑑届書は登記の添付書類ではありませんが、代表取締役の変更があった場合は、登記申請と同時に印鑑届書により管轄の法務局に対して会社実印を新代表取締役の名前で届け出る必要があります。印鑑届書には、新たに代表取締役になった者の個人の実印を押印し、その印鑑証明書（作成後３か月以内のもの）を添付する必要があります。

ただし、登記申請において印鑑証明書を添付しているのであれば、印鑑届書の「□　市区町村長作成の印鑑証明書は，登記申請書に添付のものを援用する。」をチェックすれば、別に印鑑証明書を用意する必要はありません。

書式18、19　取締役、代表取締役及び監査役の変更登記申請書例

定時株主総会において、書式1、書式10の議案が決議され、また定時株主総会後に開催された取締役会において、書式7の議案が決議された場合における役員変更登記申請書例です。

書式1、書式7の各議案から、取締役と代表取締役は議場において就任を承諾したことが証明されるので、就任承諾書の添付を省略することが可能です。この場合、登記申請書には「取締役及び代表取締役の就任承諾を証する書面は、議事録の記載を援用する」などと記載します。ただし、就任承諾書の代わりに議事録の記載を援用する場合には、議事録中に被選任者の氏名だけでなく住所も記載されていることが必要です。住所の記載がなければ、別途就任承諾書を作成しなければなりません（本書では議事録の記載を援用せず、別途就任承諾書を添付しています）。一方、書式10の議案からは、選任された監査役が就任を承諾しているかどうか判断できないので、監査役の就任承諾書を添付する必要があります。

なお、役員等が任期満了による退任後に直ちに再任され就任することを登記上「重任」といいます。取締役3名と代表取締役1名は重任する役員に該当しますので、登記すべき事項の原因年月日の欄には「令和○年5月27日重任」と記載します。これに対し、監査役は新任なので、登記すべき事項の原因年月日の欄には「令和○年5月27日就任」と記載します。

役員変更登記の登録免許税は、登記申請1件につき3万円（資本金の額が1億円以下の会社の場合は1万円）です。

書式20　辞任届例

書式20は、監査役の辞任を証明するために添付する辞任届例です。辞任届には、「いつ」「どの役職を」辞任するかを明記しましょう。取締役の辞任届を添付する必要がある場合は、役職の部分を変更して使用可能です。辞任届は、署名押印でも記名押印でもよく、押印する印鑑も認印でかまいません。

書式21、22　就任承諾書例

書式21は、監査役に選任された後に就任承諾する場合の就任承諾書の書式であるのに対し、書式22は、株主総会決議の前に、新任監査役候補者が、株主総会で選任されることを条件として、就任を承諾する場合の就任承諾書の書式です。書式20の辞任届と同様、役職の部分を変更すれば取締役の就任承諾書としても使用できます。

なお、就任承諾書も、署名押印でも記名押印でもよく、押印する印鑑も取締役会非設置会社の取締役の就任承諾書として使用する場合（再任を除いて実印の押印が必要）を除き、認印でかまいません。

書式23、24　取締役、代表取締役及び会計監査人の変更登記申請書例

定時株主総会において、書式２、書式16の議案が決議され、また定時株主総会後に開催された取締役会において、書式８の議案が決議された場合の役員変更登記申請書例です。

なお、定時株主総会の終結をもって、代表取締役である取締役が任期満了退任した場合、会社代表印を届け出ていたその代表取締役が定時株主総会後の取締役会に出席し、取締役会議事録に会社代表印を押印することができません。その場合、取締役会に出席した取締役及び監査役の全員が取締役会議事録に実印を押印し、印鑑証明書を添付する必要がありますので注意が必要です（設例では、取締役崎岡円蔵、井田善治、丁原四朗及び出席監査役の印鑑証明書が必要になります）。

書式25　印鑑届書

代表取締役に変更があった場合、変更登記の申請と一緒に会社の印

鑑届も法務局に提出します。（注１）の欄に会社代表印を、（注３）の欄に新代表取締役個人の実印を鮮明に押印してください。なお、（注２）の「印鑑カードを引き継ぐ」の欄にチェックをして印鑑届出をすると、前任者の使用していた印鑑カードを引き継ぐことができます。

書式26　取締役会非設置会社における取締役及び代表取締役の変更登記申請書例

臨時株主総会において書式５の議案が決議され、この臨時株主総会後に取締役の互選によって、書式９のとおり代表取締役を選定した場合における役員変更登記申請書例です。

代表取締役である取締役が死亡したことで、取締役決定書（代表取締役の互選書）に会社代表印を届け出ている従前の代表取締役が会社代表印を押印することができません。したがって、取締役決定書（代表取締役の互選書）に取締役全員が個人の実印を押印し、印鑑証明書を添付する必要がありますので注意が必要です（設例では取締役井田善治、丁原四朗及び崎岡円蔵の印鑑証明書の添付が必要です）。役員変更登記申請と同時に印鑑届出書の提出も必要です。

なお、登記申請書の「登記すべき事項」は、書式19、書式24のようにCD-Rに入力し、法務局に提出したほうが、法務局における正確かつ迅速な登記手続きに役立ちますが、本書式のように登記すべき事項が多くない場合には、登記申請書に記載してもかまいません。

書式27　取締役の解任に関する変更登記申請書例

株主総会において書式６の議案が決議された場合における役員変更登記申請書例です。株主総会の決議で役員等を解任した場合、解任した年月日及び解任の事実が登記されます。解任の事実が記載されている登記事項証明書を見た第三者は、解任された者による不正や役員間での紛争を推測するかもしれません。したがって、ケースによっては、解任対象である役員等との話し合いを経て、辞任してもらうという選択を検討するとよいでしょう。

書式18　登記申請書例（取締役、代表取締役及び監査役の変更）

株式会社変更登記申請書

1．会社法人等番号　０１××－０１－１２３４××

1．商　　号《フリガナ》　株式会社星光商事《ホシミツショウジ》

1．本　　店　東京都××区××五丁目２番１号

1．登記の事由　取締役、代表取締役及び監査役の変更

1．登記すべき事項　別添ＣＤ－Ｒのとおり

1．登録免許税　金３万円

1．添付書類

株主総会議事録	１通
株主の氏名又は名称、住所及び議決権数等を証する書面（株主リスト）	１通
取締役会議事録	１通
取締役の就任承諾書	３通
議事録の記載を援用する辞任届	１通
監査役の就任承諾書	１通
監査役の住民票の写しなどの本人確認証明書	１通

上記のとおり登記の申請をします。

令和○年６月１日

東京都××区××五丁目２番１号
申　請　人　　株式会社星光商事

東京都××区××七丁目３番２号
代表取締役　　星　光男
連絡先の電話番号　　03－1234－5678

東京法務局××出張所　御中

書式19　登記すべき事項の入力例（取締役、代表取締役及び監査役の変更）

「役員に関する事項」
「資格」取締役
「氏名」星光男
「原因年月日」令和○年５月２７日重任
「役員に関する事項」
「資格」取締役
「氏名」崎岡円蔵
「原因年月日」令和○年５月２７日重任
「役員に関する事項」
「資格」取締役
「氏名」井田善治
「原因年月日」令和○年５月２７日重任
「役員に関する事項」
「資格」代表取締役
「住所」東京都××区××七丁目３番２号
「氏名」星光男
「原因年月日」令和○年５月２７日重任
「役員に関する事項」
「資格」監査役
「氏名」村田一郎
「原因年月日」令和○年５月２７日辞任
「役員に関する事項」
「資格」監査役
「氏名」田中次郎
「原因年月日」令和○年５月２７日就任

書式20　監査役の辞任届例

辞　任　届

株式会社星光商事　御中

私は、今般一身上の都合により、令和○年５月27日開催予定の第○回定時株主総会の終結の時をもって、貴社監査役を辞任したく、お届けいたします。

令和○年５月１日

（住所）　東京都××区××二丁目２番１号

（氏名）　村田一郎　㊞

書式21　就任承諾書例（選任後に就任承諾する場合）

就任承諾書

株式会社星光商事　御中

私は、令和○年５月27日開催の第○回定時株主総会において、貴社の監査役に選任されましたので、その就任を承諾いたします。

令和○年５月27日

（住所）　埼玉県○○市○○三丁目４番５号
（氏名）　田中次郎　㊞

書式22　就任承諾書例（株主総会前に就任承諾する場合）

就任承諾書

株式会社星光商事　御中

私は、令和○年５月27日開催予定の第○回定時株主総会において、貴社監査役に選任された場合は、その就任を承諾いたします。

令和○年５月１日

（住所）　埼玉県○○市○○三丁目４番５号
（氏名）　田中次郎　㊞

書式23　登記申請書例（取締役、代表取締役及び会計監査人の変更）

株式会社変更登記申請書

1．会社法人等番号　　０１××－０１－１２３４××

1．商　　　号《フリガナ》　　株式会社星光商事《ホシミツショウジ》

1．本　　　店　　東京都××区××五丁目２番１号

1．登記の事由　　取締役、代表取締役及び会計監査人の変更

1．登記すべき事項　　別添ＣＤ－Ｒのとおり

1．登録免許税　　金３万円

1．添付書類　　株主総会議事録　１通

株主の氏名又は名称、住所及び
議決権数等を証する書面
（株主リスト）　１通

取締役会議事録　１通

取締役の就任承諾書　３通

代表取締役の就任承諾書　１通

会計監査人の辞任届　１通

会計監査人の就任承諾書　１通

会計監査人の登記事項証明書　１通

印鑑証明書　４通

上記のとおり登記の申請をします。

令和○年７月１日

東京都××区××五丁目２番１号
申　請　人　　株式会社　星光商事

東京都××区××二丁目３番４号
代表取締役　　崎岡　円蔵
連絡先の電話番号　　03－1234－5678

東京法務局××出張所　御中

書式24　登記すべき事項の入力例（取締役、代表取締役及び会計監査人の変更）

「役員に関する事項」
「資格」取締役
「氏名」星光男
「原因年月日」令和○年６月２８日退任
「役員に関する事項」
「資格」取締役
「氏名」崎岡円蔵
「原因年月日」令和○年６月２８日重任
「役員に関する事項」
「資格」取締役
「氏名」井田善治
「原因年月日」令和○年６月２８日重任
「役員に関する事項」
「資格」取締役
「氏名」丁原四郎
「原因年月日」令和○年６月２８日就任
「役員に関する事項」
「資格」代表取締役
「住所」東京都××区××七丁目３番２号
「氏名」星光男
「原因年月日」令和○年６月２８日退任
「役員に関する事項」
「資格」代表取締役
「住所」東京都××区××二丁目３番４号
「氏名」崎岡円蔵
「原因年月日」令和○年６月２８日就任
「役員に関する事項」
「資格」会計監査人
「氏名」有限責任監査法人ＡＢＣ
「原因年月日」令和○年６月２８日辞任
「役員に関する事項」
「資格」会計監査人
「氏名」有限責任監査法人ＷＸＹ
「原因年月日」令和○年６月２８日就任

印鑑（改印）届書

※ 太枠の中に書いてください。

（注１）（届出印は鮮明に押印してください。）

商号・名称		株式会社星光商事
本店・主たる事務所		東京都××区××五丁目２番１号
印鑑提出者	資　格	~~代表取締役~~（○）・取締役・代表理事 理事・（　　　　）
	氏　名	崎岡　円蔵
	生年月日	明・大・（昭）・平・西暦 30 年 3 月 3 日生
会社法人等番号		01××－01－1234××

（注２）
□ 印鑑カードは引き継がない。
☑ 印鑑カードを引き継ぐ。
印鑑カード番号 ○○○○－○○○○○○○
前任者　星　光男

届出人（注３）　☑ 印鑑提出者本人　□ 代理人

住　所	東京都××区××二丁目３番４号	（注３）の印 個人の実印
フリガナ	サキオカ　エンゾウ	
氏　名	崎岡　円蔵	

委　任　状

私は，（住所）

（氏名）

を代理人と定め，印鑑（改印）の届出の権限を委任します。

令和　　年　　月　　日

住　所

氏　名　　　　　　　　印　〔市区町村に登録した印鑑〕

☑ 市区町村長作成の印鑑証明書は，登記申請書に添付のものを援用する。（注４）

（注１）　印鑑の大きさは，辺の長さが１㎝を超え，３㎝以内の正方形の中に収まるものでなければなりません。

（注２）　印鑑カードを前任者から引き継ぐことができます。該当する□にレ印をつけ，カードを引き継いだ場合には，その印鑑カードの番号・前任者の氏名を記載してください。

（注３）　本人が届け出るときは，本人の住所・氏名を記載し，市区町村に登録済みの印鑑を押印してください。代理人が届け出るときは，代理人の住所・氏名を記載，押印（認印で可）し，委任状に所要事項を記載し，本人が市区町村に登録済みの印鑑を押印してください。

（注４）　この届書には作成後３か月以内の**本人の印鑑証明書**を添付してください。登記申請書に添付した印鑑証明書を援用する場合は，□にレ印をつけてください。

印鑑処理年月日				
印鑑処理番号	受　付	調　査	入　力	校　合

（乙号・８）

書式26　登記申請書例（取締役会非設置会社における取締役及び代表取締役の変更）

株式会社変更登記申請書

1．会社法人等番号　　０１××－０１－１２３４××

1．商　　　　号《フリガナ》　　株式会社星光商事《ホシミツショウジ》

1．本　　　　店　　東京都××区××五丁目２番１号

1．登 記 の 事 由　　取締役及び代表取締役の変更

1．登記すべき事項　　令和○年５月１５日代表取締役である取締役
星光男死亡
令和○年５月２７日次の者就任
取締役　丁原四郎
東京都××区××二丁目３番４号
代表取締役　崎岡円蔵

1．登 録 免 許 税　　金１万円

1．添 付 書 類　　定　　款　　１通
株主総会議事録　　１通
株主の氏名又は名称、住所及び
議決権数等を証する書面
（株主リスト）　　１通
代表取締役の互選を証する書面　　１通
取締役の就任承諾書　　１通
代表取締役の就任承諾書　　１通
印鑑証明書　　３通
死亡を証する書面　　１通

上記のとおり登記の申請をします。

令和○年５月２８日

東京都××区××五丁目２番１号
申　請　人　　株式会社星光商事

東京都××区××二丁目３番４号
代表取締役　　崎岡　円蔵
連絡先の電話番号　　03－1234－5678

東京法務局××出張所　御中

書式27　登記申請書例（取締役の解任）

株式会社変更登記申請書

1．会社法人等番号　０１××－０１－１２３４××

1．商　　　号《フリガナ》　株式会社星光商事《ホシミツショウジ》

1．本　　　店　東京都××区××五丁目２番１号

1．登 記 の 事 由　取締役の変更

1．登記すべき事項　令和○年７月３１日取締役井田善治解任

1．登 録 免 許 税　金１万円

1．添　付　書　類　株主総会議事録　１通

株主の氏名又は名称、住所及び
議決権数等を証する書面
（株主リスト）　１通

上記のとおり登記の申請をします。

令和○年８月３日

東京都××区××五丁目２番１号
申　請　人　株式会社星光商事
東京都××区××二丁目３番４号
代表取締役　星　光男
連絡先の電話番号　03－1234－5678

東京法務局××出張所　御中

5 一人会社の任期満了の場合の議事録・登記の作成方法

1人で事業展開している会社でも重任手続きは必要

一人会社とは

株主が1人だけの会社のことを一人会社といいます。なお、本書が前提とする株式会社以外にも、合同会社や合名会社は社員が1人だけとすることが可能で、これも一人会社と呼んでいます。

一人会社は、株主が1人だけの会社ですから、通常の会社にはない特徴が見られます。たとえば、1人である株主が同意すれば、株主総会の招集手続きは必要なく、いつでもどこでも株主総会を開催することができます。そのため、一人会社においては、1人の株主の同意によって取締役の報酬を決めることも可能です。

その他には、譲渡制限株式の譲渡については、取締役会（取締役会設置会社の場合）の承認がなくても有効と解されています。さらに、取締役会決議が必要な取引を決議なく行えば、本来その取引は無効になりますが、この場合も1人の株主の同意があれば、有効になる場合があると解されています。1人しかいない株主が同意していれば、他に不利益を受ける株主が存在しないからです。

役員が1人しかいない場合の重任手続き

以下では、一人会社で1名の取締役の任期が満了し、再任された場合の登記手続きを解説します。基本的には前項（136ページ）で述べた役員変更登記申請の手続きと同様です。たとえば、非公開会社の場合は、定款で定めれば、取締役の任期を10年まで伸長することができます。任期を10年と定めているときは、10年に1度、任期満了退任後の再任として重任の登記申請を行うことになります。

書式28　登記申請書

一人会社で取締役の任期が満了し、再任された場合には、取締役の重任の登記を行います。この登記は、取締役が就任を承諾した日から２週間以内に、管轄の法務局に対して申請します（本店所在地を管轄する法務局に申請する場合）。登記申請書には、申請する会社の商号及び本店を記載します。次に、登記の事由として、「取締役及び代表取締役の変更」と記載します。登記すべき事項として、「令和○年○月○日次の者重任、取締役・氏名、代表取締役・住所及び氏名」と記載します。なお、登録免許税は、資本金１億円以下の会社であれば１万円、資本金１億円超の会社であれば３万円となります。添付書類は、取締役の選任の議事が記載されている株主総会議事録、株主リスト、就任承諾書です。

書式29　登記すべき事項を磁気ディスクで提出する場合

登記申請の際に、登記すべき事項を「別添CD-Rのとおり」などと記入し、その磁気ディスクに登記すべき事項の内容を記録して、申請書と共に提出する方法もあります。磁気ディスクとは、CD-ROM、CD-R、DVD-ROM、DVD-Rのことです。もちろん、登記すべき事項を直接申請書に記載した場合は、この手続きは不要です。

書式30　株主総会議事録

一人会社の場合でも、取締役の変更登記をする場合は、取締役の重任を議決した株主総会の議事録の添付が必要です。

非公開会社の場合には定款で定めれば、取締役の任期を10年まで伸長できますが、この定款の定めに基づき取締役の任期を伸長している場合でも、定款の添付は必要ありません。

書式31　就任承諾書（一人会社で取締役１人の重任）

取締役の就任を承諾する書面が必要になります。ただし、株主総会議事録に、取締役への就任を承諾する旨の記載があり、それを援用する場合には、就任承諾書の添付は不要です。

書式28　登記申請書（一人会社で取締役１人の重任）

株式会社変更登記申請書

１．会社法人等番号　　０１××－０１－１２３４××

１．商　　　　号《フリガナ》　　株式会社星光商事《ホシミツショウジ》

１．本　　　　店　　東京都新宿区××五丁目２番１号

１．登 記 の 事 由　　取締役及び代表取締役の変更

１．登記すべき事項　　別添CD-Rのとおり
（※登記すべき事項の内容を直接記載する場合には、ここに記載）

１．登 録 免 許 税　　金１万円（資本金１億円以下の場合）

１．添　付　書　類　　株主総会議事録　　１通
株主の氏名又は名称、住所及び議決権数等を証する書面（株主リスト）　　１通
就任承諾書は株主総会の記載を援用する。

上記のとおり申請する

令和○年６月２９日

東京都新宿区××五丁目２番１号
申請人　　　株式会社星光商事
東京都新宿区××七丁目３番２号
代表取締役　星　光男

連絡先　０３－１２３４－５６７８

東京法務局　新宿出張所　御中

書式29　登記すべき事項（一人会社で取締役１人の重任）

「役員に関する事項」
「資格」取締役
「氏名」星光男
「原因年月日」令和○年６月２９日重任
「役員に関する事項」
「資格」代表取締役
「住所」東京都新宿区××七丁目２番３号
「氏名」星光男
「原因年月日」令和○年６月２９日重任

第2回　定時株主総会議事録

令和○年６月２９日午前９時００分より、当社の本店において定時株主総会を開催した。

当社の株主総数	１名
発行済み株式数	１００株
議決権を行使することができる株主の総数	１名
議決権を行使することができる株主が有する議決権の総数	１００個
議決権を行使することができる出席株主数	１名
この議決権の総数	１００個

出席した役員　代表取締役　星　光男
議事録作成者　代表取締役　星　光男

定刻、代表取締役星光男は議長席に着き開会を宣し、上記のとおり出席株主数及びその議決権数等を報告、本総会の付議議案の決議に必要な会社法及び定款の定める定足数を満たしている旨を述べ、直ちに議案の審議に入った。

第１号議案　第２期決算報告書の承認に関する件

議長は当期（自令和○年４月１日乃至令和○年３月３１日）における事業状況を事業報告書により詳細に説明報告し、下記の書類を提出して、その承認を求めた。

１　貸借対照表
２　損益計算書

3　株主資本等変動計算書
4　個別注記表

全員異議なくこれを承認可決した。

第２号議案　取締役任期満了による改選に関する件

議長は、取締役が定款の規定により本定時総会の終結時に任期満了し退任することになるので、議長は下記の者を指名し、この者につき可否を議場に諮った。

取締役　　星　光男

全員異議なくこれを承認可決した。
なお、被選任者は、その就任を承諾した。

議長は以上をもって本日の議事を終了した旨を述べ、午前9時30分閉会した。
以上の決議を明確にするために、この議事録を作り、議長及び出席取締役がこれに記名押印する。

実務上は総会議事録にも会社代表印を押してもらうことが多い

令和○年６月２９日
株式会社星光商事　第２回定時株主総会

議長兼議事録作成者　　星　光男　印（認印でも可）

兼出席代表取締役

書式31　就任承諾書（一人会社で取締役１人の重任）

就 任 承 諾 書

私は、令和○年６月２９日開催の定時株主総会において、貴社の取締役に選任されましたので、ここにその就任を承諾いたします。

令和○年６月２９日

東京都新宿区××七丁目２番３号
星　光　男　　印
（認印でも可）

株式会社星光商事　　御中

注）株主総会議事録に被選任者の取締役への就任の意思表示があり、それを援用する場合には、この就任承諾書の添付は不要です。また、再任であるため、実印の押印及び印鑑証明書の添付は不要です。

第5章

役員等の報酬・行為等に関する議事録と登記

1 役員の報酬決定のしくみはどうなっているのか

会社財産を守る観点から規制がなされている

取締役の報酬はどのように決まるのか

役員や会計監査人と会社との関係は、民法の委任に関する規定に従うため（会社法330条）、その報酬については無償が原則とされていますが、実際には報酬を受けるのが一般的です。

そして、取締役の「報酬、賞与その他の職務執行の対価として会社から受ける財産上の利益」（これを「報酬等」といいます）については、これを定款で定めていないときは、株主総会の決議で決定する必要があります（会社法361条１項）。取締役が自分の報酬を自分で決めることができるとすると、いわゆる「お手盛り」の弊害が生じ、会社に不利益を与える可能性があるからです。

もっとも、具体的な報酬額を個々の取締役ごとに定める必要はなく、取締役全員の年間報酬の最高限度額または総額を定めればよいとされています。一定の上場会社等では、取締役会が個々の取締役の報酬の決定方針を定めて概要を開示する義務があります。

また、役員報酬の税務上の取扱いは、会社が役員に対して支給する給与のうち、支給時期が１か月以下の一定期間ごとで、かつ、その事業年度内の各支給時期における支給額が同額である給与（定期同額給与）など、一定の要件を満たすものであれば、法人税法上、損金として算入することが認められています。

監査役・会計参与の報酬はどのように決まるのか

監査役の報酬等は、その額を定款で定めていないときは、株主総会の決議で決定しますが、監査役は、株主総会において、監査役の報酬等について意見を述べることができます（会社法387条）。

なお、監査役が複数いる場合で、定款または株主総会の決議で各監査役の具体的な報酬額について定めがないときは、定款または株主総会で定められた報酬総額の範囲内で、監査役の協議または監査役会の決議によって定めます。

そして、会計参与の報酬等についても、監査役と同様の規定が置かれています（会社法379条）。

会計監査人の報酬はどのように決まるのか

会計監査人は、会社の役員ではなく外部機関という位置づけであるため、その報酬等は業務執行の一環として取締役が決定します。ただし、取締役が会計監査人の報酬等を決定する場合には、会社の機関設計に応じて、監査役の過半数であるか、監査役会、監査等委員会、監査委員会のいずれかの同意を得なければなりません（会社法399条）。会計監査人は、会社を監査する立場にあるので、その独立性を確保するため、取締役の一存だけで会計監査人の報酬を決定できないしくみになっています。

■ 取締役の報酬等の決定のしくみ

● 指名委員会等設置会社以外

定款の定め
- あり → 定款の定めに従う
- なし → 株主総会の決議で定める

総額だけを定めている場合は、個別の報酬等を取締役会の決議（取締役会非設置会社の場合は取締役の過半数の決議）で定める

監査等委員会設置会社の場合、監査等委員である取締役の報酬等とそれ以外の取締役の報酬等とを区別して定める

● 指名委員会等設置会社

取締役の個別の報酬等について報酬委員会が決定する

2 取締役や監査役の職務について知っておこう

会社の健全な経営のため、さまざまな規制がなされている

会社に対する責任にはどのようなものがあるのか

取締役、会計参与、監査役、執行役または会計監査人（まとめて「役員等」といいます）は、その任務を怠って（善管注意義務・忠実義務に違反して）会社に損害を与えた場合には、会社に対して損害賠償責任を負います（会社法423条1項）。これが役員等の会社に対する責任であって、一般に任務懈怠責任と呼ばれています。

会社に対する損害賠償責任の免除

役員等が、その任務を怠ったことによって、会社に対する損害賠償責任が発生した場合、総株主の同意がなければ、その責任を免除することができません（会社法424条）。この規定は、役員等の会社に対する損害賠償責任の全部免除については、総株主の同意がある場合に限られることを意味します。

これに対し、総株主の同意が得られなくても、役員等が、その職務を行うにつき善意で（自らの任務懈怠を知らず）かつ重大な過失がないときは、株主総会の特別決議（27ページ）によって、役員等の会社に対する責任を一定の額まで免除することができます（会社法425条1項）。さらに、一定の要件を満たす会社は、定款に定めておくことで、取締役会の決議（取締役会非設置会社の場合は取締役の過半数の同意）によって、役員等の会社に対する責任を一定の額まで免除することができます（会社法426条1項）。これらの規定は、損害賠償責任の一部免除を認めるものだといえます。

責任限定契約とは

会社は、定款に定めておくことで、非業務執行取締役、監査役、会計参与または会計監査人との間で、これらの者が職務を行うにつき善意でかつ重大な過失がない場合に、会社に対して負う損害賠償責任の限度を一定の額までとする契約（責任限定契約）を結ぶことができます（会社法427条1項）。非業務執行取締役とは、代表取締役及び業務執行取締役（代表取締役以外の取締役であって、取締役会の決議によって業務を執行する取締役として選定された者）のどちらにも該当しない取締役のことを指します。

補償契約とは

補償契約とは、役員等の責任を追及する訴訟が提起された場合に、その役員等に発生する訴訟費用や賠償金などを会社が補償する契約です。会社が役員に金銭的な保護を与えることは、利益相反取引にあたるおそれがありますが、役員の職務執行が委縮しないよう、このような契約を認める必要もあります。そこで、会社法は、補償契約の具体的な条件を定め、会社法の条件に沿った補償契約については、利益相反取引にあたらないことを令和元年の会社法改正で明文化しました。

なお、役員等との間で補償契約を締結することを認めつつも、その内容は株主総会（取締役会設置会社では取締役会）の決議によって決定することが必要です（会社法430条の２）。

役員等賠償責任保険契約（D＆O保険）とは

役員等賠償責任保険とは、役員等を被保険者として、その職務の執行に関し責任を負うことなどによって生ずる損害を保険会社が補てんする旨を約束する契約のことです。Directors and Officersの頭文字をとって、D&O保険とも呼ばれています。令和元年成立の会社法改正で、D&O保険を認めつつも、その内容は株主総会（取締役会設置会社では取締役会）の決議によって決定することが必要である規定されました（会社法430条の３）。

取締役をはじめとする株式会社の役員などは、職務を遂行するにあたって損害賠償責任を負担する場合があります。そのような場合でも、D&O保険を締結していれば、賠償によって生じた損失を保険料でまかなうことができます。D&O保険についても、補償契約と同様に、実際上の必要性から、会社法の条件に沿ったものであれば、会社が保険料を負担するとしても、利益相反取引にはあたらないとされています。

取締役の競業取引の制限

取締役が自己または第三者のために会社の事業の部類に属する取引をするときは、株主総会（取締役会設置会社では取締役会）の承認が必要です。承認を受けなかった場合は、その取引によって取締役や第三者が得た利益の額が会社に生じた損害額と推定され（会社法423条２項）、反証がない限り取締役はこれを賠償する責任を負います。

取締役の利益相反取引の制限

取締役が自己または第三者のために会社と取引する場合（直接取

■ 役員等賠償責任保険（D&O保険）

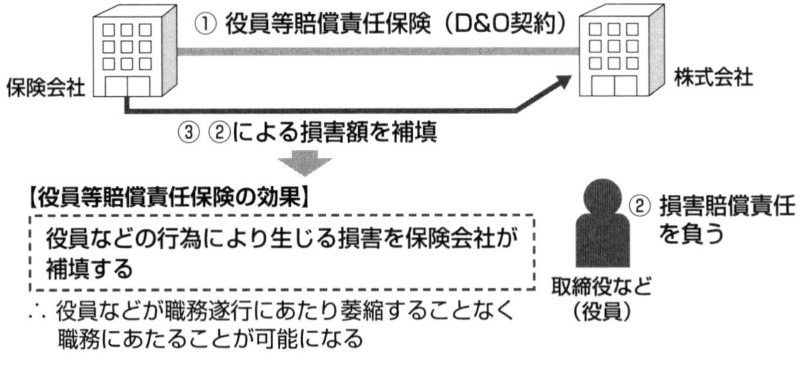

引)、または、会社が取締役の債務を保証するなど、取締役以外の者との間において会社と当該取締役との利益が相反する取引をする場合(間接取引)には、株主総会(取締役会設置会社では取締役会)の承認が必要です。そして、利益相反取引によって会社に損害が生じた場合には、承認の有無を問わず、取締役が会社に対して損害賠償責任を負います(会社法423条1項・3項)。この責任は、自己の無過失を立証することで免れるのが原則ですが、取締役が自己のために会社と直接取引をした場合には、当該取締役は、無過失であっても損害賠償責任を負うことになります(会社法428条)。

取締役会の職務について

取締役会は、すべての取締役で組織され、会社の業務執行の決定、取締役の職務執行の監督、代表取締役の選定及び解職を行います。

通常の業務執行の決定は、各取締役に委任することが可能とされていますが、会社にとって重要な業務執行の決定は、各取締役に委任することはできません。具体的には、取締役会は、①重要な財産の処分及び譲受け、②多額の借財、③支配人その他重要な使用人の選任及び解任、④支店その他重要な組織の設置、変更及び廃止、⑤内部統制システムの整備、⑥定款の定めに基づく取締役会の決議による取締役

■ 利益相反取引の例

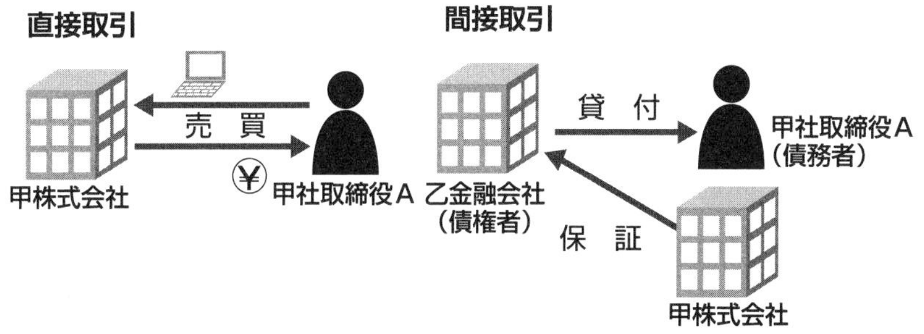

の会社に対する損害賠償責任の一部免除などについては、会社にとって非常に重要なため、各取締役に委任することができないと規定されています（会社法362条４項）。

監査役の権限と義務について

監査役は、取締役や会計参与の業務執行を監査する業務監査権と、会社の財産状況を監査する会計監査権の２種類の権限を有し、その監査のため、取締役、会計参与、支配人その他の使用人に対して事業の報告を求め、会社の業務及び財産の状況を調査することができます。必要があるときは、子会社に対しても事業の報告を求め、子会社の業務及び財産の状況を調査することもできます。

業務監査権と会計監査権を有する監査役の義務としては、主に取締役の不正行為または法令・定款に違反する事実がある場合の取締役への報告義務や、取締役会への出席義務などがあります。

非公開会社であって監査役会及び会計監査人を置かない会社の場合は、定款に定めることで、その権限の範囲を会計監査権のみとすることができます。会社法上、会計監査権に限定される監査役を置く会社は監査役設置会社に該当しません。なお、監査役の監査の範囲を会計監査権に限定する旨の定款の定めがある会社については、その旨の登記申請が義務付けられています。

監査役会の職務について

監査役会は、すべての監査役で組織され、監査の方針、会社の業務及び財産の状況の調査方法など、監査役の職務の執行に関する事項を決定します。ただし、監査役が公正な監査をするために、その職務の独立性を確保する必要があることから、監査役会の決定は、監査役の権限の行使を妨げることはできません。その他には、監査報告の作成、常勤監査役の選定及び解職といった職務を行います。

3 報酬・退職金についての議案作成の注意点

役員報酬の付与及びその改定には、株主総会決議が必要

書式1　取締役・監査役の報酬額を改定する場合の株主総会議案例

取締役または監査役の報酬等に関する事項を定める場合には、株主総会の決議において、①報酬等のうち額が確定しているものについてはその額、②額が確定していないものについてはその具体的な算定方法、③金銭でないものについてはその具体的な内容を定めなければなりません。実務上は取締役全員または監査役全員の年間総額または月額総額が定められることが一般的です。なお、令和元年の会社法改正により、報酬等として、株式や新株予約権、または株式や新株予約権の払込みと引換えに充てるための金銭を交付する場合について、一定事項を株主総会で定めることが法定されました。

書式2　取締役の報酬額を決定する場合の取締役会議案例

取締役の報酬等は定款の定めまたは株主総会の普通決議によって決定します。定款で定めた場合は、報酬額の変更につき、その都度株主総会の特別決議が必要となることから、実務上は株主総会の普通決議によって報酬総額を決定するのが一般的です。報酬総額が株主総会で決定されると、取締役会の決議により、報酬総額の範囲内で各取締役の具体的な支給額を決定します。取締役会において、その決定を代表取締役に一任する旨を決議することも可能です。

取締役会非設置会社の場合は、株主総会の決議で、報酬総額と各取締役の具体的な支給額を決定するか、若しくは報酬総額と各取締役の具体的な支給額については代表取締役に一任する旨（代表取締役がいない場合は取締役の協議に一任する旨）を決定することになります。

書式3　取締役の報酬の減額を行う場合の取締役会議案例

判例によると、取締役の報酬等を、その取締役の同意なく一方的に減額することはできないとされています。取締役の報酬等を減額する場合には、「取締役報酬額改定の件」として、減額の対象となる取締役と、減額する額を明記するとよいでしょう。

書式4　取締役の報酬を増額する株主総会議案例

株主総会では、各取締役の報酬等を具体的に決めず、取締役全体の報酬総額を決めるという方法も可能ですが、各取締役の個別報酬額まで株主総会の決議によって決定することも可能です。

書式5、6　退職慰労金の贈呈を決定する株主総会・取締役会議案例

退職慰労金も「職務執行の対価として会社から受ける財産上の利益」として報酬等に該当しますので、取締役会のみで支給を決定することはできず、役員報酬と同じように株主総会の決議によって支給を決定する必要があります。書式5のように、会社の一定の基準に従って退職慰労金を贈呈することを取締役会に一任することは可能です。ただし、その基準は株主が閲覧可能である必要があります。

書式7　監査役の報酬を決議する場合の監査役会議案例

監査役の報酬は、定款または株主総会決議で決定された報酬総額の範囲内で、監査役の協議（監査役会設置会社の場合は監査役会の決議）によって定めると規定されています（会社法387条2項）。取締役会の決議のみで定めることができない点に注意が必要です。

書式8　役員に対する賞与を決定する場合の株主総会議案例

役員の賞与も報酬等に該当します。したがって、定款または株主総会において支給総額を定めておけば、各役員への支給時期や具体的な支給額を、取締役については取締役会決議（取締役会非設置会社の場合は取締役の協議）、監査役については監査役の協議で決定することができます。ストックオプションとして新株予約権を役員に付与する場合も報酬等に該当しますので、定款または株主総会決議が必要になります。

書式1　株主総会議案例（取締役・監査役の報酬額の改定）

第○号議案 取締役の報酬額改定の件

議長は、取締役の報酬額は令和○年○月○日開催の第○期定時株主総会において年額金1000万円以内と承認されているが、その後の経済情勢の変化及び諸般の事情を考慮して、取締役の報酬額を年額金2000万円以内（従来どおり使用人兼務取締役の使用人分の給与は含まない）としたい旨を提案し、その可否を議場に諮ったところ、満場一致をもって承認可決された。

第○号議案 監査役の報酬額改定の件

議長は、監査役の報酬額は令和○年○月○日開催の第○期定時株主総会において年額金500万円以内と承認されているが、その後の経済情勢の変化及び諸般の事情を考慮して、監査役の報酬額を年額金1000万円以内としたい旨を提案し、その可否を議場に諮ったところ、満場一致をもって承認可決された。

書式2　取締役会議案例（取締役の報酬額の決定）

第○号議案 取締役の報酬額決定の件

議長は、令和○年５月27日開催の第×期定時株主総会において取締役の報酬額を年額金2000万円以内とする第○号議案が承認可決されたことを受けて、本取締役会において具体的な支払額と支払時期、支払方法について定める必要がある旨の説明をし、その決定方法を議場に諮ったところ、崎岡円蔵取締役よりすべて代表取締役星光男に一任としたい旨の提案があった。

各取締役への支払額・支払時期・支払方法をすべて代表取締役星光男に一任とする提案について、議長がその可否を議場に諮ったところ、全員一致でこの提案に賛成した。議長である星光男代表取締役は上記の賛成を受けて、別添資料のとおり、各取締役への支払額と支払時期、支払方法について決定した。

書式3　取締役会議案例（取締役の報酬の減額）

第○号議案 取締役報酬額改定の件

議長は、令和○年５月27日開催の定時株主総会の決議により承認を受けた範囲内で、令和○年６月１日以降、各取締役の報酬月額を下記のとおり減額変更したい旨提案し、その詳細につき説明した。

議長が本議案の賛否を議場に諮ったところ、全員異議なく承認可決した。

記

１．代表取締役　星光男　　月額金130万円
（改定前月額金150万円）
１．取締役　崎岡円蔵　　月額金80万円
（改定前月額金90万円）
１．取締役　井田善治　　月額金80万円
（改定前月額金90万円）

書式４　株主総会議案例（取締役の報酬の増額）

第○号議案 取締役報酬額改定の件

議長は、令和○年６月１日以降、経済事情等諸般の事情を考慮して、各取締役の報酬月額を下記のとおり増額変更したい旨を提案し、その詳細につき説明した。

議長が本議案の賛否を議場に諮ったところ、出席株主は満場一致をもって承認可決した。

記

取締役 甲野一郎 月額金40万円 → 月額金45万円

取締役 乙野二郎 月額金50万円 → 月額金55万円

書式５　株主総会議案例（退職慰労金贈呈の件）

第○号議案 退任取締役に対する退職慰労金贈呈の件

議長は、本総会終結の時をもって取締役を退任される丁原四郎氏に対し、その在任中の功労に報いるため、当社の定める退職慰労金支給規程に従い、相当額の範囲内で退職慰労金を贈呈したい旨、また、その具体的金額、贈呈の時期、方法等は取締役会一任とされたい旨を述べ、その承認の可否を議場に諮ったところ、出席株主は満場一致をもってこれを承認可決した。

書式6　取締役会議案例（退職慰労金贈呈の件）

第○号議案 退任取締役に対する退職慰労金贈呈の件

議長は、本日開催の第○期定時株主総会の第○号議案で承認された丁原四郎氏に対する退職慰労金の件については、当社退職慰労金規程に従い下記のとおり贈呈したい旨を述べ、議場に諮ったところ、出席取締役は全員異議なくこれを承認可決した。

記

退職慰労金の額　　金○万円
贈呈時期・方法等　代表取締役に一任する。

書式7　監査役会議案例（監査役の報酬を決定する場合）

第○号議案 監査役の報酬額決定の件

議長は、令和○年○月○日開催の第○回定時株主総会において監査役の報酬額を年額金1000万円以内とする第○号議案が承認可決されたことを受けて、本監査役会において具体的な支払額と支払時期、支払方法について協議する必要がある旨の説明をし、慎重協議した結果、全員一致をもって下記のとおり各監査役への支給額を決定した。

記

1．	村田一郎（常勤監査役）	金	350万円
1．	鈴木次郎（　　同　　）	金	350万円
1．	佐藤三郎（社外監査役）	金	80万円
1．	丁原四郎（　　同　　）	金	80万円
1．	戊山五郎（　　同　　）	金	80万円

書式８　株主総会議案例（役員賞与支給の件）

第○号議案 第○期役員賞与支給の件

議長は、当事業年度末時点の取締役５名及び監査役２名に対し、当事業年度の業績等を勘案して、役員賞与総額金1000万円（取締役分金800万円、監査役分金200万円）を支給したい旨、また各取締役への支給額については取締役会の決議に、各監査役の支給額については監査役の協議に一任とされたい旨を述べ、その承認の可否を議場に諮ったところ、満場一致をもって承認可決された。

4 役員の責任・行為・権限についての書式作成の注意点

取締役会の専決事項を把握することが重要になる

書式9　取締役等の会社に対する責任の免除に関する規定の設定に関する株主総会議案例

役員の会社に対する責任の免除（一部免除）は、定款の相対的記載事項（230ページ）ですから、新たに設定する場合は株主総会の特別決議による定款変更が必要です。また、取締役が株主総会に当該議案を提出するには、各監査役（監査等委員会の場合は各監査等委員、指名委員会等設置会社の場合は各監査委員）の同意を得なければなりません。

書式10、11　取締役等の会社に対する責任の免除に関する規定の設定に関する登記申請書例

取締役等の会社に対する責任の免除に関する規定の設定に関する登記申請書の添付書類は株主総会議事録と株主リストです。登録免許税は、登記申請１件につき３万円です。登記すべき事項は、基本的には新設した定款の条項どおりに記載しましょう。

書式12　株主総会議事録（非業務執行取締役等の責任限定契約に関する規定の設定）

機関設計を変更して監査等委員会設置会社となった株式会社カー・シャイン・ボーイを例に見ていきましょう。機関設計の変更にあたり、新たに社外取締役や会計監査人を迎えたことから、これらの者の業務負担を軽減するため、会社との間で責任限定契約を締結しようとしています。責任限定契約を締結するには、その旨の定款の定めが必要となることから、まずは定款の一部変更を行い、次に定款変更登記を申請することになります。

取締役については、社外取締役に加え、社内取締役であっても非業務執行取締役（設例では、監査等委員である取締役の小林七海や取締役の田中美四子が非業務執行取締役に該当します）であれば、責任限定契約の締結が可能です。書式12は、責任限定契約に関する規定を新設する場合の記載例です。すでに社外取締役の責任限定契約について定款に定めている場合には、「社外取締役」を「非業務執行取締役」に変更するなどの定款の見直しが必要です。

書式13　株式会社変更登記申請書（非業務執行取締役等の責任限定契約に関する規定の設定）

平成27年５月以降は、責任限定契約の対象範囲の拡大に伴い、社外取締役及び社外監査役である旨の登記は不要となっています。ただし、以前に登記されていた責任限定契約に関する社外取締役及び社外監査役である旨の登記は、当該社外取締役及び社外監査役の任期中に限り、その旨の登記抹消申請は不要とされています。

書式14　株主総会議事録（監査の範囲の限定）

株式会社星光商事のように、監査役会及び会計監査人を設置していない非公開会社であれば、定款にその旨を定めることで、監査役の監査の範囲を会計監査権に限定することができます。164ページで述べた、監査役の監査の範囲を会計監査権に限定する旨の登記について、登記申請が必要となるのは、以下の株式会社です。

① 株式会社星光商事のように、平成27年５月１日以降、定款の変更によって、監査役の監査の範囲を会計監査権に限定する定めを置いた会社

② 会社法施行日（平成18年５月１日）以降に設立され、定款に監査役の監査の範囲を会計監査権に限定する定めがある会社

なお、③旧商法時代（平成18年４月30日以前）に設立され、資本金の額が１億円以下でかつ発行株式のすべてについて譲渡制限の定めのある会社については、その監査役の権限は会計監査権に限定される

とみなされています。そのため、会社法施行日以降に会計監査権に限定する旨の定めを廃止していなければ、監査役の監査の範囲を会計監査権に限定する旨の登記申請が必要になります。

②と③の場合については、平成27年５月１日以降、最初に就任、重任、退任する監査役に関する変更登記と併せて申請すればよいとされています。そして、監査役の監査の範囲を会計監査権に限定する旨の定款の定めを置いたとしても、従前の監査役の任期は満了となりませんので、新たな監査役の選任は不要です。

書式15　株式会社変更登記申請書（監査の範囲の限定）

上記書式14の①または②に該当する会社が、監査の範囲の限定について変更登記を申請する場合の添付書面は、定款または定款変更した際の株主総会議事録及び株主リストとなります。監査役の変更登記と同時に申請した場合であっても、登録免許税は金１万円（資本金１億円以上の会社は金３万円）のままです。

書式16　株主総会議事録（監査の範囲の限定の定め廃止）

監査役の監査の範囲を会計監査権に限定する旨の定款の定めを廃止した場合は、その効力発生日に監査役の任期は満了となりますので、新たに監査役を選任する必要があります。

監査役の選任に関する議案を株主総会に提出するには、監査役の同意を得る必要があります。監査の範囲が会計監査権に限定されている監査役にも同意権があることから、議事録にはその旨がわかるように記載します。なお、従前の監査役を選任することも可能です。

書式17　株式会社変更登記申請書（監査の範囲の限定の定め廃止）

株主総会議事録は、①監査の範囲を会計監査に限定する定款の定めを廃止する決議をした議事録と、②監査役を選任した議事録が必要となります。従前の監査役を選任した場合（設例では富山健司を再任した場合）には、本人確認証明書の添付が不要です。

登録免許税は、役員変更と同一区分のため、金１万円（資本金１

億円超の会社は金３万円）となります。

書式18　取締役の競業取引の承認に関する取締役会議案例

競業取引をする取締役は、会社と特別の利害関係を有する取締役となるため、議決に加わることができません。競業取引をする取締役が取締役会の決議に影響を及ぼさないよう、決議に諮る際は、競業取引をする取締役を退席させるなどの対応をすべきでしょう。

書式19　取締役の利益相反取引の承認に関する取締役会議案例

利益相反取引をする取締役は、会社と特別の利害関係を有する取締役となるため、議決に加わることができません。書式18と同様の理由で、利益相反取引をする取締役が議長であった場合、利益相反取引の承認の議案については、議長を交代し、退席させるなどの対応をすべきでしょう。

書式20　重要な財産の譲受けに関する取締役会議案例

取締役会設置会社において、重要な財産の処分及び譲受けの決定は、代表取締役や各取締役に委任することはできず、取締役会の決議で決定しなければなりません。そのため、取締役会決議による決定を経ずに、代表取締役が重要な財産の処分及び譲受けに関する契約を締結した場合には、その契約自体が無効となるおそれがありますので注意が必要です。

重要な財産の処分にあたるか否かは、「当該財産の価額、その会社の総資産に占める割合、保有目的、処分行為の態様及び会社における従来の取扱い等の事情を総合的に考慮して判断すべき」（最判平成６年１月20日）とされています。判断が難しい場合は、取締役会の承認を得ておくのが無難です。なお、取引内容の詳細は、書式20のように代表取締役に一任することも可能とされています。

書式21　多額の借財を行う場合の取締役会議案例

取締役会設置会社において、多額の借財の決定は、取締役会の決議を経ることが必要です。多額かどうかは、借財の目的、金額、会社の規模、資産状態などに照らして具体的に判断します。後日問題とならないように、多額ではないと思われる場合でも、取締役会の決議を経ておくのがよいかもしれません。

書式22　重要な使用人の選任・解任の決定を行う場合の取締役会議案例

重要な使用人の代表例は支配人ですが、本店総支配人、支店長、営業本部長なども重要な使用人にあたりますので、これらの者を選任するときは、取締役会設置会社にあっては取締役会の決議によります。

書式23　事業計画を策定する場合の取締役会議案例

事業計画や経営計画は「重要な業務執行の決定」（会社法362条４項）にあたるケースが多いため、取締役会の決議で決定し、取締役会議事録に記載することになります。事業計画は、膨大な量になることも多いため、議事録とは別の資料に記載し、議事録には「別添資料○に記載したとおりに」という記載をするのが一般的です。

書式24　内部統制システムを構築する場合の取締役会議案例

会社法上、内部統制システムとは、「取締役の職務の執行が法令及び定款に適合することを確保するための体制」及び「その他株式会社の業務並びに当該株式会社及びその子会社から成る企業集団の業務の適正を確保するために必要なものとして法務省令で定める体制」を指します（会社法362条４項６号）。大会社である取締役会設置会社では、取締役会の決議に基づき内部統制システムを構築する義務があります。構築すべき内部統制システムは、ⓐ取締役の職務の執行についての情報の保存・管理に関する体制、ⓑ損失の危険の管理に関する規程その他の体制、ⓒ取締役の職務の執行が効率的に行われることを確保するための体制、ⓓ使用人の職務の執行が法令・定款に適合することを確保するための体制などです。

社内のリスク管理体制は、時の経過や会社の業績に応じて変わるため、内部統制システムの構築後も適宜見直すことが必要です。

書式９　株主総会議案例（取締役等の会社に対する責任の免除に関する規定の設定）

議案　　定款一部変更の件

議長は、当社の定款を一部変更し、第29条として下記条項を新設（現行定款第29条以下、１条ずつ繰り下げ）したい旨を述べ、また、本議案については各監査役の同意を得ている旨を説明した。ついで議長が、本議案の賛否を議場に諮ったところ、満場一致をもって原案どおり承認可決された。

記

（取締役等の責任免除）

第29条　当会社は、会社法第426条第１項の規定により、取締役会の決議によって、同法第423条第１項の取締役（取締役であった者を含む）の賠償責任について、同法第425条第１項の定める限度額の範囲内で、その責任を免除することができる。

２　当会社は、会社法第426条第１項の規定により、取締役会の決議によって、同法第423条第１項の監査役（監査役であった者を含む）の賠償責任について、同法第425条第１項の定める限度額の範囲内で、その責任を免除することができる。

書式10　登記申請書例（取締役等の会社に対する責任の免除に関する規定の設定）

株式会社変更登記申請書

1．会社法人等番号　　０１××－０１－１２３４××

1．商　　　　号《フリガナ》　　株式会社星光商事《ホシミツショウジ》

1．本　　　　店　　東京都××区××五丁目２番１号

1．登 記 の 事 由　　取締役等の会社に対する責任の免除に関する規定の設定

1．登記すべき事項　　別添ＣＤ－Ｒのとおり

1．登 録 免 許 税　　金３万円

1．添　付　書　類　　株主総会議事録　　１通
　　株主の氏名又は名称、住所及び議決権数等を証する書面（株主リスト）　　１通

上記のとおり登記の申請をします。

令和○年５月２８日

東京都××区××五丁目２番１号
申　請　人　　株式会社星光商事

東京都××区××七丁目３番２号
代表取締役　　星　光男
連絡先の電話番号　　03－1234－5678

東京法務局××出張所　御中

書式11　登記すべき事項の入力例（取締役等の会社に対する責任の免除に関する規定の設定）

「取締役等の会社に対する責任の免除に関する規定」

当会社は、会社法第４２６条第１項の規定により、取締役会の決議によって、同法第４２３条第１項の取締役（取締役であった者を含む）の賠償責任について、同法第４２５条第１項の定める限度額の範囲内で、その責任を免除することができる。

当会社は、会社法第４２６条第１項の規定により、取締役会の決議によって、同法第４２３条第１項の監査役（監査役であった者を含む）の賠償責任について、同法第４２５条第１項の定める限度額の範囲内で、その責任を免除することができる。

「原因年月日」令和○年５月２７日設定

書式12　株主総会議事録（責任限定契約の締結）

臨時株主総会議事録

令和○年６月２５日午前１０時００分より、当社の本店において臨時株主総会を開催した。

当会社の株主総数　○○名
発行済株式総数　○○○株
議決権を行使することができる株主の総数　○○名
議決権を行使することができる株主が有する議決権の総数　○○○個
議決権を行使することができる出席株主数（委任状によるものを含む）
○○名
この議決権の総数（委任状によるものを含む）　○○○個

出席した役員	代表取締役	水田一郎（議長兼議事録作成者）
	取締役	田中美四子
	取締役	小林 七海
	取締役	伊藤 啓五
	取締役	山本 豊六

上記のとおり出席があったので、本株主総会は適法に成立した。
定刻、代表取締役社長水田一郎は定款の規定により議長となり、開会を宣し直ちに議事に入った。

議案　　定款一部変更の件
議長は、今般、社外取締役等を会社に迎えたことから、会社法第４２７条の規定に基づく非業務執行取締役等の会社に対する同法第４２３条第１項の責任について、当会社の非業務執行取締役及び会計監査人が業務を行うにつき善意かつ無重過失であった場合には、各監査等委員の同意を得ることを条件に取締役会の決議をもって免除できる旨の規定を新たに追加する必要がある旨を説明し、議場に諮ったところ、満場異議なくこれに賛成したので、可決確定した。

記

（取締役等の責任免除）

第○条　当会社は、会社法第４２７条の規定により、取締役（業務執行取締役等である者を除く）及び会計監査人との間に、同法第４２３条の行為による賠償責任を限定する契約を締結することができる。ただし、当該契約に基づく賠償責任の限度額は、○万円以上であらかじめ定めた金額又は法令が規定する額のいずれか高い額とし、各監査等委員の同意を得ることを条件に、取締役会の決議によって免除することができる。

以上をもって本日の議事のすべてが終了したので、午前１０時３０分に議長は閉会を宣した。

上記決議を明確にするため、この議事録をつくり、議長及び出席取締役がこれに記名押印する。

実務上は総会議事録にも会社代表印を押してもらうことが多い

令和○年6月２５日

株式会社　カー・シャイン・ボーイ　臨時株主総会

議長　代表取締役　水田一郎　印（認印でも可）

出席取締役　田中美四子　㊞

出席取締役　小林七海　㊞

出席取締役　伊藤啓五　㊞

出席取締役　山本豊六　㊞

書式13　株式会社変更登記申請書（責任限定契約の締結）

株式会社変更登記申請書

1．会社法人等番号　　０１００－０１－１２３４××
1．商　　　　号《フリガナ》　　株式会社カー・シャイン・ボーイ
1．本　　　　店　　東京都新宿区××五丁目２番１号
1．登 記 の 事 由
　非業務執行取締役等の会社に対する責任の制限に関する規定の設定
1．登記すべき事項
　令和○年６月２５日次のとおり設定
　当会社は、会社法第４２７条の規定により、取締役（業務執行取締役等である者を除く）及び会計監査人との間に、同法第４２３条の行為による賠償責任を限定する契約を締結することができる。ただし、当該契約に基づく賠償責任の限度額は、○万円以上であらかじめ定めた金額又は法令が規定する額のいずれか高い額とし、各監査等委員の同意を得ることを条件に、取締役会の決議によって免除することができる。
1．登 録 免 許 税　　金３万円
1．添　付　書　類　　株主総会議事録　　　　　　　　　１通
　　　　　　　　　　株主の氏名又は名称、住所及び
　　　　　　　　　　議決権数等を証する書面
　　　　　　　　　　（株主リスト）　　　　　　　　　１通

上記のとおり、登記の申請をします。

令和○年６月３０日
　　東京都新宿区××五丁目２番１号
　　申請人　株式会社　カー・シャイン・ボーイ
　　東京都文京区××１丁目２番３号
　　代表取締役　水田一郎
　　連絡先の電話番号　０３－○○○○－○○○○

東京法務局
新宿出張所　御中

書式14　株主総会議事録（監査の範囲の限定）

臨時株主総会議事録

令和○年５月２５日午前１０時００分より、当社の本店において臨時株主総会を開催した。

当会社の株主総数　５名
発行済株式総数　３００株
議決権を行使することができる株主の総数　５名
議決権を行使することができる株主が有する議決権の総数　３００個
議決権を行使することができる出席株主数（委任状によるものを含む）５名
この議決権の総数（委任状によるものを含む）　３００個

出席した役員	代表取締役	星光男（議長兼議事録作成者）
	取締役	埼岡円蔵
	監査役	富山健司

上記のとおり出席があったので、本株主総会は適法に成立した。

定刻、代表取締役社長星光男は定款の規定により議長となり、開会を宣し直ちに議事に入った。

議案　　定款一部変更の件

議長より、株主に一定の業務監査権限を付与するため、当会社の監査役の監査の範囲を会計監査権に限定する旨及び定款に次の一条を追加したい旨を述べ、議場に諮ったところ、満場異議なくこれに賛成したので、可決確定した。

記

（監査の範囲）

第○条　当会社の監査役の監査の範囲は、会計に関するものに限定する。

以上をもって本日の議事のすべてが終了したので、午前１０時３０分に議長は閉会を宣した。

上記決議を明確にするため、この議事録をつくり、議長及び出席取締役、監査役がこれに記名押印する。

令和○年５月２５日

実務上は総会議事録にも会社代表印を押してもらうことが多い

株式会社　星光商事　臨時株主総会

議長　代表取締役　　星光男　　印（認印でも可）

出席取締役　　埼岡円蔵　　㊞

出席監査役　　富山健司　　㊞

書式15　株式会社変更登記申請書（監査の範囲の限定）

株式会社変更登記申請書

1．会社法人等番号　０１××－０１－１２３４××

1．商　　　号《フリガナ》　株式会社星光商事《ホシミツショウジ》

1．本　　　店　東京都新宿区××三丁目１番５号

1．登記の事由　監査役の監査の範囲を会計に関するものに限定する旨の定款の定めの設定

1．登記すべき事項　令和○年５月２５日次のとおり設定
監査役の監査の範囲を会計に関するものに限定する旨の定款の定めがある

1．登録免許税　金１万円

1．添付書類　株主総会議事録　１通
株主の氏名又は名称、住所及び議決権数等を証する書面（株主リスト）　１通

上記のとおり登記の申請をします。

令和○年５月25日

東京都新宿区××三丁目１番５号
申　請　人　　株式会社星光商事

東京都新宿区××七丁目３番２号
代表取締役　星光男

連絡先の電話番号　０３－○○○○－○○○○

東京法務局
新宿出張所　御中

書式16　株主総会議事録（監査の範囲の限定の定め廃止）

臨時株主総会議事録

令和○年５月２５日午前１０時００分より、当社の本店において臨時株主総会を開催した。

当会社の株主総数　５名
発行済株式総数　３００株
議決権を行使することができる株主の総数　５名
議決権を行使することができる株主が有する議決権の総数　３００個
議決権を行使することができる出席株主数（委任状によるものを含む）
５名
この議決権の総数（委任状によるものを含む）　３００個

出席した役員	代表取締役	星光男（議長兼議事録作成者）
	取締役	埼岡円蔵
	監査役	富山健司

上記のとおり出席があったので、本株主総会は適法に成立した。定刻、代表取締役社長星光男は定款の規定により議長となり、開会を宣し直ちに議事に入った。

第１号議案　　定款一部変更の件

議長より、当会社の監査役の監査の範囲を会計監査権に限定していたが、対外的な信用を得る必要から、この限定を廃止する旨及び監査の範囲に関する定款○条を削除したい旨の説明があった。議長がその賛否を諮ったところ、満場異議なくこれに賛成したので、可決確定した。

第２号議案　監査役の選任の件

議長は、第１号議案が承認されたことにより、本総会終結時において監査役富山健司は任期満了により退任することになるので、改めて監査役を選任する必要がある旨を述べ、その選任方法を諮ったところ、満場一致をもって議長の指名に一任することとなった。議長は下記の者を指名し、その可否を議場に諮ったところ、満場異議なく賛成したので、次のとおり可決確定した。

監査役　三重　隆夫

なお、被選任者は、その就任を承諾した。

以上をもって本日の議事のすべてが終了したので、午前１０時３０分に議長は閉会を宣した。

上記決議を明確にするため、この議事録をつくり、議長及び出席取締役、監査役がこれに記名押印する。

実務上は総会議事録にも会社代表印を押してもらうことが多い

令和○年５月２５日

株式会社　星光商事　臨時株主総会

議長　代表取締役　　星光男　　印（認印でも可）

出席取締役　　埼岡円蔵　　㊞

出席監査役　　富山健司　　㊞

書式17　株式会社変更登記申請書（監査の範囲の限定の定め廃止）

株式会社変更登記申請書

1．会社法人等番号　　０１××－０１－１２３４××

1．商　　　　　号《フリガナ》　株式会社星光商事《ホシミツショウジ》

1．本　　　　　店　東京都新宿区××三丁目１番５号

1．登 記 の 事 由　監査役の変更
監査役の監査の範囲を会計に関するものに限定する旨の定款の定めの廃止

1．登記すべき事項　令和○年５月２５日次のとおり変更
監査役の監査の範囲を会計に関するものに限定する旨の定款の定めの廃止
同日　監査役　富山健司　退任
同日　監査役　三重隆夫　就任

1．登 録 免 許 税　金１万円

1．添　付　書　類　株主総会議事録　　１通
株主の氏名又は名称、住所及び議決権数等を証する書面（株主リスト）　　１通
監査役の就任承諾書　　１通
監査役の本人確認証明書（住民票の写し等）　　１通

上記のとおり登記の申請をします。

令和○年５月25日

東京都新宿区××三丁目１番５号
申　請　人　　株式会社星光商事

東京都新宿区××七丁目３番２号
代表取締役　星光男
連絡先の電話番号　０３－○○○○－○○○○

東京法務局
新宿出張所　御中

書式18　取締役会議案例（取締役の競業取引の承認）

第○号議案 競業取引承認の件

議長は、当社取締役甲野一郎が代表取締役を務める株式会社ＸＹＺが、今般○○事業を行うことになったこと、また○○事業で行う取引が当社の事業の部類に属することになる旨を議場に説明した。

議長は取締役甲野一郎に対して、報告を求めたところ、取締役甲野一郎は、当該事業に関する重要事項を議場に開示・報告した。

ついで、議長は、取締役甲野一郎が競業取引をすることについて、会社法第356条第１項第１号及び会社法第365条第１項に基づき、取締役会の承認が必要な旨を述べ、本議案に特別利害関係を有する取締役甲野一郎に退席を求めた。

取締役甲野一郎の退席後、議場は本議案の承認の可否を諮ったところ、議決に加わることのできる取締役全員の一致をもって、本議案は承認可決された。

書式19　取締役会議案例（取締役の利益相反取引の承認）

第○号議案 不動産の売買に係る利益相反取引承認の件

本議案について、議長である代表取締役社長星光男は特別利害関係を有するため、取締役全員の賛成により、崎岡円蔵に議長が交代し、代表取締役社長星光男は退席した。

議長は、当社の代表取締役社長星光男が所有する不動産を当社で購入し、当社の○○センターを建設するため、下記要項で代表取締役星光男と「不動産売買契約書」を締結したい旨を述べ、また、その理由を詳細に説明した。

ついで、議長は会社法第356条第１項第２号並びに会社法第365条第１項に基づき、議場に当該契約締結の承認の可否を諮ったところ、議決に加わることのできる取締役全員の一致をもって、本議案は承認可決された。

記

１．不動産の表示
　　所　在　　埼玉県○○市○○一丁目
　　地　番　　１番１
　　地　目　　雑種地
　　地　積　　○○．○○㎡（約○坪）
２．取引の相手方　　星光男（当社代表取締役社長）
３．売買代金　　金○万円
４．契約締結日　　令和○年○月○日（予定）
５．最終代金決済日　　令和○年○月下旬（予定）
６．その他の事項　　別紙「不動産売買契約書」記載のとおり

なお、本議案につき、特別利害関係を有する星光男は、退席しているため、議決に参加しておらず、また定足数にも算定していない。

書式20　取締役会議案例（重要な財産の譲受け）

第○号議案 ○○支店用地の取得の件

議長は、令和○年○月○日開催の第○会取締役会第○号議案において全員一致で承認可決した当社○○支店用地の取得の件について、取締役乙野次郎に対して報告を求めたところ、取締役乙野次郎から別添資料１について詳細な報告がなされた。

ついで、議長は、下記のとおり当社○○支店用地を取得することの可否を議場に諮ったところ、出席取締役全員の一致により承認可決された。

記

１．取得する土地

　　神奈川県横浜市○○区○○一丁目２番３の土地他○筆

　　(住居表示：神奈川県横浜市○○区○○一丁目○番○号他)

　　合計○㎡

２．取得価格

　　金○円

３．所有者（取引の相手方）

　　○○県○○八丁目９番12号

　　株式会社ＡＢＣ不動産

４．取得時期・その他詳細な取引条件

　　代表取締役社長甲野一郎に一任するものとする。

書式21　取締役会議案例（多額の借財を行う場合）

第○号議案 不動産取得資金の借入れの件

議長は、令和○年○月○日開催の第○会取締役会第○号議案で可決した当社○○支店用地の取得について、その取得のために借入れを行う必要がある旨を述べ、当該借入れについては、株式会社○○銀行より、下記要項で行いたい旨を提案し、議場にその資料を提出した。

ついで議長が当該提案の承認の可否を議場に諮ったところ、出席取締役全員の賛成により、議長の提案どおり承認可決された。

記

1．借入先	株式会社○○銀行（本店：東京都××区××一丁目1番1号）
2．借入額	金○円
3．利息	年○％
4．借入予定日	令和○年○月○日
5．返済期間	令和○年○月○日から令和○年○月○日
6．その他	別紙のとおり

なお、詳細な取引条件等については、代表取締役甲野一郎の決定に一任する。

書式22　重要な使用人の選任・解任の決定を行う場合の取締役会議案例

第○号議案　○○支店の支店長選任の件

議長は、令和○年○月○日開催の第△回取締役会の第△号議案で可決された別紙1に記載する○○支店の新規出店に伴って、以下のとおり○○支店の支店長を選任する旨を提案し、審議を求めた。

○○支店長　　○○○○（現△△支店長）

○○○○は、令和○年○月○日付で○○支店長と△△支店長を兼任するものとする。

議長が第○号議案を議場に諮ったところ、全員一致によって承認可決された。

書式23　事業計画を策定する場合の取締役会議案例

第○号議案　第○○期事業計画策定の件

議長は、令和○年○月○日開催の第△回取締役会の第△号議案で可決された別添資料１に記載する中長期事業計画に従って、第○○期の事業計画につき、別添資料２に記載したとおりに策定することを提案し、各取締役による審議を求めた。

議長が第○号議案を議場に諮ったところ、別添資料２の３に記載の工業用地取得計画については、同不動産取得にあたって多額の資金を借り入れる必要があるとする旨の発言が○○○○取締役よりなされ、これにつき全取締役が発言し、協議が重ねられた。協議の結果、上記工業用地取得計画については、令和○年○月○日開催予定の取締役会で決議をとることとし、本事業計画案からは除外する条件で全員一致し、用地取得計画を除いた事業計画案が承認可決された。

書式24　内部統制システムを構築する場合の取締役会議案例

第○号議案　内部統制システム構築に関する基本方針の件

議長は、令和○年○月○日開催の第△回取締役会の第△号議案において全員一致で承認可決した別添資料の内部統制システム構築に関する基本方針（以下「基本方針」とする）の項目について、企業として社会からより信頼されることの重要性と、そのために内部統制システム構築をより一層整備する必要性があることを説明し、同方針の実効性をさらに高めるために、以下に該当する条項を修正し、さらに項目を追加することを提案し、審議を求めた。

議長が第△号議案を議場に諮ったところ、全員一致で原案どおり承認可決された。

記

第△号議案で承認可決した基本方針に以下の項目を追加する。

・基本方針第○条第○項第○号
その他当社に著しい損害を及ぼすおそれのあるすべての事象

基本方針第○条第○項を以下のとおりに修正する。

・基本方針第○条第○項
取締役会は、原則毎月１回開催するものとし、経営上の重要事項に関する意思決定を行うものとする。

Column

議題と議案

株主総会では「議題」と「議案」について討議することになります。議題とは、株主総会の目的事項となるものです。たとえば、「取締役選任の件」について株主総会で議論する場合には、この「取締役選任の件」というテーマが議題になります。

他方、議案とは、株主総会において決議の対象となる目的事項の具体的な内容のことです。たとえば、「取締役選任の件」という議題が出されたときに、取締役の候補についての案が「議案」になります。つまり、株主総会において議論するテーマが議題であり、その議題に対する具体的な提案が議案です。

一定数の株式を有している株主は、株主総会において「議題」を提案する権利を有します。株主総会において新たな議題が追加されると、株主総会に出席した株主はその議題について討議しなければならず、濫用的な権利行使により、総会の遅延や混乱を招くおそれがあります。そのため、議題提案権はすべての株主に認められているわけではなく、原則として一定数以上の株式を有する株主のみに認められています。

これに対して、株主総会において「議案」を提出する権利はすべての株主に認められています。

また、議案を追加したとしても、議題を追加する場合と比較して、総会の遅延や混乱を招くおそれは少ないといえます。そのため、議案を提出する権利は、議題を提案する権利と異なり、議決権を行使できるすべての株主に認められています。

もっとも、議題と議案の区別について注意が必要な場合があります。たとえば、取締役の選任は議題ですが、特定の候補者の提案は議案になります。他方、取締役の解任は、議題において、対象となる取締役を特定する必要があります。

第6章

機関を設置・廃止する場合の議事録と登記

1 機関の設置・廃止に関する書類作成の注意点

機関設計の変更には定款変更が必須である

機関を設置・廃止することもできる

すべての株式会社に設置することが義務付けられている機関は株主総会と取締役の２種類だけです(13ページ)。その他の機関については、「公開会社は取締役会を設置しなければならない」「監査等委員会設置会社と指名委員会等設置会社は、監査役を置いてはならない」というように、会社法上、会社の規模や性質に応じて機関の構成が義務付けられている場合もありますが、そのような場合に該当しなければどんな機関を設置・廃止するかどうかは会社の自由ということになります。

・機関を設置する場合

たとえば、会社設立後、株主兼取締役が３人だけ、もちろん非公開会社という形態で会社経営をしてきたものの、事業規模の拡大により経営の管理が必要になった場合に、新たに「監査役設置会社」や「会計参与設置会社」に変更するといったケースが考えられます。また、業績が飛躍的に伸び、証券市場への上場を検討するようなケースでは、従来の非公開会社から公開会社に移行することになりますので「取締役会設置会社」に機関変更しなければなりません（会社法327条)。

・機関を廃止する場合

一方、従来は取締役会や監査役を設置した会社形態で経営してきたものの、業績の悪化や組織のスリム化など、諸事情を考慮した上で機関設計をシンプルにすることもあります。このような場合には、「取締役会設置会社の廃止」「監査役設置会社の廃止」を目的に、登記申請を行うことになります。

なお、前述したように、法律上ある機関の設置が義務付けられる場合（たとえば、「公開会社で取締役会を設置しない」という形態は認められない）もあるため、検討している機関構成が法令に反しないかについてはあらかじめ検討しておく必要があるでしょう。

書式1　取締役会・監査役設置会社の定めを廃止する株主総会議案例

本書式は、取締役3名、監査役1名の取締役会・監査役設置会社において代表取締役である取締役以外の2名の取締役が辞任をしたことに伴い、機関設計を変更し、取締役会・監査役を廃止する場合の株主総会議案例です。機関設計を変更する際には、定款の大幅な変更が必要となりますので、すべての定款条項を確認し、各条項の変更が必要かどうかを確認するようにしましょう。

書式2、3　取締役会・監査役設置会社の定めの廃止等に関する登記申請書例

株主総会において書式1の議案の決議がされた場合の登記申請書例です。この株主総会に関する株主の氏名または名称、住所及び議決権数等を証する書面（株主リスト）を添付する必要があります。登録免許税は、取締役会設置会社の定めの廃止につき3万円、監査役設置会社の定めの廃止・株式の譲渡制限に関する規定の変更につき3万円、役員変更につき1万円（資本金の額が1億円を超える場合は3万円）ですので、合計で7万円になります。

なお、監査役設置会社の定めを廃止すると、監査役は退任するので、登記すべき事項の原因年月日の欄には「令和2年5月27日退任」と定款変更日をもって退任した事実を記載します。

書式4　取締役会・監査役設置会社の定めを設定する株主総会議案例

取締役会・監査役設置会社の定めを設定する場合も定款の大幅な変更が必要になります。本書式は株主総会議事録に別紙として変更後の定款全文を添付する場合の株主総会議案例になります。また、取締役会・監査役設置会社の定めを設定する定款変更をした場合には、監査役の選任、必要に応じて取締役の選任（取締役会設置会社は3名以

上の取締役が必要ですが、定款の変更前から３名以上の取締役がいる会社は取締役の選任が必須ではありません）が必要になります。

書式５　代表取締役の選定に関する取締役会議事録

取締役会設置会社の定めを設定する旨の定款変更をした場合、会社法362条３項及び新定款の規定に基づき、取締役会で代表取締役を選定する必要が生じます。取締役会議事録は、変更登記の申請に際し、代表取締役の選定を証する書面になります。そのため、変更前の代表取締役が法務局への届出印を押印した場合を除き、出席取締役及び出席監査役は実印を押印する必要があります。

書式６、７　取締役会・監査役の設置に関する登記申請書例

株主総会で書式４の議案が決議され、株主総会後の取締役会で書式５の議案が決議された場合の登記申請書例です。書式５では、定款変更前から代表取締役であった取締役が取締役会において、改めて代表取締役に選定されていますので、この場合は、代表取締役に変動がないことから「取締役会設置会社の定めの登記」のみを申請すればよく、代表取締役の変更（重任）登記は不要です。なお、書式４の株主総会に関する株主の氏名または名称、住所及び議決権数等を証する書面（株主リスト）を添付します。

一方、従前の代表取締役とは異なる取締役を代表取締役として選定した場合は、従前の代表取締役については退任の登記を、新たに代表取締役に選定された者については就任の登記を申請します。また、株式の譲渡承認機関を取締役会に変更した場合は、「株式の譲渡制限に関する規定の変更登記」の申請を要します。取締役２名と監査役１名が新たに就任するので、その就任承諾書と本人確認証明書（住民票の写しまたは運転免許証などのコピーに本人が証明したもの）を添付します。

登録免許税は、取締役会設置会社の定めの設定につき３万円、監査役設置会社の定めの設定につき３万円、役員変更につき１万円（資本金の額が１億円を超える場合は３万円）となり、合計で７万円です。

書式1　株主総会議案例（取締役会・監査役設置会社の定めの廃止）

第○号議案 定款変更の件

議長は、本株主総会終結の時をもって取締役崎岡円蔵及び井田善治から辞任の申出があったことを報告し、後任の取締役候補者として適任者がいないことから、取締役会設置会社及び監査役設置会社の定めを廃止し、取締役会に関する規定である第○条から第○条まで、及び監査役に関する規定である第○章を削除すると共に、取締役会非設置会社への移行に伴い定款を下記のように変更したい旨を詳細に述べ、議場に諮ったところ、満場一致でこれを承認可決した。

記

（下線は変更部分を示します）

現 行 定 款	変 更 案
第１章 総 則 （機関の設置） 第○条 当会社は、株主総会及び取締役の他、次の機関を置く。 （１）取締役会 （２）監査役	第１章 総 則 ［削除］
第２章 株 式 （株式の譲渡制限） 第○条 当会社の株式を譲渡により取得するには、取締役会の承認を受けなければならない。 （株式等の割当てを受ける権利を与える場合）	第２章 株 式 （株式の譲渡制限） 第○条 当会社の株式を譲渡により取得するには、株主総会の承認を受けなければならない。 （株式等の割当てを受ける権利を与える場合）

第○条 当会社の株式（自己株式の処分による株式を含む）及び新株予約権を引き受ける者の募集において、株主に株式又は新株予約権の割当てを受ける権利を与える場合には、その募集事項、株主に当該株式又は新株予約権の割当てを受ける権利を与える旨及び引受けの申込みの期日の決定は取締役会の決議によって行う。 （基準日） 第○条［条文省略］ 2 前項の他必要があるときは、取締役会の決議によりあらかじめ公告して臨時に基準日を定めることができる。	第○条 当会社の株式（自己株式の処分による株式を含む）及び新株予約権を引き受ける者の募集において、株主に株式又は新株予約権の割当てを受ける権利を与える場合には、その募集事項、株主に当該株式又は新株予約権の割当てを受ける権利を与える旨及び引受けの申込みの期日は取締役の過半数の決定によって定める。 （基準日） 第○条［現行どおり］ 2 前項の他必要があるときは、取締役の過半数の決定によりあらかじめ公告して臨時に基準日を定めることができる。
第３章 株主総会 （株主総会の権限） 第○条 株主総会は、会社法に規定する事項及び定款で定めた事項に限り、決議をすることができる。 （招集権者及び議長） 第○条 株主総会は、法令に別段の定めがある場合を除き、取締役会の決議によって取締役社長が招集する。ただし、取締役社長に事故があるときは、	第３章 株主総会 ［削除］ （招集権者及び議長） 第○条 株主総会は、法令に別段の定めがある場合を除き、取締役の過半数の決定により取締役社長がこれを招集し、議長となる。

あらかじめ取締役会において定めた順序により、他の取締役が招集する。 2 株主総会において、取締役社長が議長となる。ただし、取締役社長に事故があるときは、あらかじめ取締役会において定めた順序により他の取締役が議長となる。	2 取締役社長に事故があるときは、あらかじめ定めた順序により、他の取締役が株主総会を招集し、議長となる。
第4章 取締役及び取締役会 (取締役の員数) 第○条 当会社の取締役は、3名以上10名以内とする。 (代表取締役及び役付取締役の選定) 第○条 代表取締役は、取締役会の決議で定める。 2 取締役会の決議により、代表取締役の中から取締役社長1名を選定し、取締役の中から取締役副社長、専務取締役及び常務取締役を選定することができる。 3 取締役社長は、当会社の業務を執行する。 4 取締役会の決議により、第2項に規定する社長以外の者の中から業務執行取締役を選定することができる。	第4章 株主総会以外の機関 (取締役の員数) 第○条 当会社の取締役は、1名以上とする。 (代表取締役及び役付取締役の選定) 第○条 取締役が2名以上いるときは代表取締役1名を置き、取締役の互選によって定める。 2 代表取締役を社長とする。 3 取締役が複数いる場合には、必要に応じて、取締役の互選により、取締役の中から取締役副社長1名、専務取締役並びに常務取締役各若干名を選定することができる。

（取締役の報酬等） 第○条　取締役の報酬、賞与その他の職務執行の対価として当会社から受ける財産上の利益（以下「報酬等」という）は、株主総会の決議によって定める。	（取締役の報酬等） 第○条　取締役の報酬、賞与その他の職務執行の対価として当会社から受ける財産上の利益は、株主総会の決議によって定める。

書式2　登記申請書例（取締役会・監査役設置会社の定めの廃止等）

株式会社変更登記申請書

1．会社法人等番号　　０１００－０１－１２３４××

1．商　　　号《フリガナ》　　株式会社星光商事《ホシミツショウジ》

1．本　　　店　　東京都××区××五丁目２番１号

1．登記の事由　　株式の譲渡制限に関する規定の変更
取締役及び監査役の変更
取締役会設置会社の定めの廃止
監査役設置会社の定めの廃止

1．登記すべき事項　　別添ＣＤ－Ｒのとおり

1．登録免許税　　金７万円

1．添付書類　　株主総会議事録　　１通
株主の氏名又は名称、住所及び
議決権数等を証する書面
（株主リスト）　　１通
辞任届　　２通

上記のとおり登記の申請をします。

令和２年５月２７日

東京都××区××五丁目２番１号
申　請　人　　株式会社星光商事

東京都××区××七丁目３番２号
代表取締役　　星　光男
連絡先の電話番号　03－1234－5678

東京法務局××出張所　御中

書式3　登記すべき事項の入力例（取締役会・監査役設置会社の定めの廃止等）

「役員に関する事項」
「資格」取締役
「氏名」崎岡円蔵
「原因年月日」令和２年５月２５日辞任
「役員に関する事項」
「資格」取締役
「氏名」井田善治
「原因年月日」令和２年５月２５日辞任
「役員に関する事項」
「資格」監査役
「氏名」丁原四郎
「原因年月日」令和２年５月２５日退任
「取締役会設置会社に関する事項」令和２年５月２５日廃止
「監査役設置会社に関する事項」令和２年５月２５日廃止
「株式の譲渡制限に関する規定」
　当会社の株式を譲渡により取得するには、株主総会の承認を受けなければならない。
「原因年月日」令和２年５月２５日変更

書式4　株主総会議案例（取締役会・監査役設置会社の定めの設定）

第○号議案　定款全面改定の件

議長は、当社の現状を鑑み、当社の定款を別紙のとおり全面的に改定し、取締役会及び監査役設置会社の定めを設定し、またそれに伴う所要の変更をしたい旨を述べ、その承認の可否を議場に諮ったところ、出席株主は満場一致でこれを承認可決した。

第○号議案　取締役２名選任の件

議長は、前号議案により、取締役会設置会社の定めを設定したことに伴い、増員取締役を２名選任する必要がある旨を述べ、その候補者として、崎岡円蔵及び井田善治を指名した。

ついで、議長は、増員取締役として崎岡円蔵及び井田善治を選任することの可否を議場に諮ったところ、出席株主は満場一致でこれを承認可決した。

第○号議案　監査役１名選任の件

議長は、第１号議案により、監査役設置会社の定めを設定したことに伴い、新たに監査役を１名選任する必要がある旨を述べ、その候補者として、丁原四郎を指名した。

ついで、議長は、監査役として丁原四郎を選任することの可否を議場に諮ったところ、出席株主は満場一致でこれを承認可決した。

書式5　取締役会議案例（取締役会設置に伴う代表取締役の選定）

第○号議案　代表取締役選定の件

議長は、本日開催の第○期定時株主総会の決議により、当社が取締役会設置会社となったため、当社定款第26条第１項の規定に基づき、代表取締役を選定する必要がある旨を述べ、慎重協議したところ、出席取締役全員の一致により下記の者を代表取締役に選定することを可決確定した。

記

（住所）東京都××区××七丁目３番２号
（氏名）星　光男

なお、被選定者である星光男は席上代表取締役に就任することを承諾した。

書式6　登記申請書例（取締役会・監査役設置会社の定めの設定等）

株式会社変更登記申請書

1．会社法人等番号	０１００－０１－１２３４××	
1．商　　　号《フリガナ》	株式会社星光商事《ホシミツショウジ》	
1．本　　　店	東京都××区××五丁目２番１号	
1．登記の事由	取締役及び監査役の変更 取締役会設置会社の定めの設定 監査役設置会社の定めの廃止	
1．登記すべき事項	別添ＣＤ－Ｒのとおり	
1．登録免許税	金７万円	
1．添付書類	株主総会議事録	１通
	株主の氏名又は名称、住所及び 議決権数等を証する書面 （株主リスト）	１通
	取締役の就任承諾書	２通
	監査役の就任承諾書	１通
	本人確認証明書	３通

上記のとおり登記の申請をします。

令和２年５月２７日

東京都××区××五丁目２番１号
申　請　人　　株式会社星光商事

東京都××区××七丁目３番２号
代表取締役　　星　光男
連絡先の電話番号　03－1234－5678

東京法務局××出張所　御中

書式7　登記すべき事項の入力例（取締役会・監査役設置会社の定めの設定等）

「役員に関する事項」
「資格」取締役
「氏名」崎岡円蔵
「原因年月日」令和２年５月２７日就任
「役員に関する事項」
「資格」取締役
「氏名」井田善治
「原因年月日」令和２年５月２７日就任
「役員に関する事項」
「資格」監査役
「氏名」丁原四郎
「原因年月日」令和２年５月２７日就任
「取締役会設置会社に関する事項」令和２年５月２７日設定
「監査役設置会社に関する事項」令和２年５月２７日設定

2 監査等委員会について知っておこう

社外取締役を活用して経営の監査・監督を行うためのしくみ

監査等委員会設置会社とは

監査等委員会を置く会社を監査等委員会設置会社といいます。監査等委員会は、監査等委員から構成される会議体です。

監査役（会）とは異なり、監査等委員はあくまでも取締役です。業務の手順を合理化して不祥事を発見・是正するための内部統制システムを通じて、社外取締役を中心とする監査等委員会が、経営を行う取締役を監査・監督します。

監査等委員会設置会社では、株主総会、監査等委員である取締役、監査等委員以外の取締役、取締役会、監査等委員会及び会計監査人を置かなければなりません。

①　監査等委員である取締役と監査等委員以外の取締役

監査等委員である取締役とそれ以外の取締役は、いずれも取締役です。しかし、監査等委員は、監査等委員会を構成し、経営を行う監査等委員以外の取締役の監査を行うので、区別が生じます。

まず、監査等委員である取締役は３人以上で、その過半数が社外取締役でなければなりません。監査等委員である取締役とそれ以外の取締役は、明確に区別して株主総会において選任しなければなりません。監査等委員である取締役の任期は２年ですが、監査等委員以外の取締役の任期は１年です。監査等委員会は、取締役に対して、監査等委員である取締役の選任を株主総会の議題にすべきこと、または選任すべき取締役の議案を提出することを請求できます（選任議案の提案権）。

また、取締役が監査等委員の選任に関する議案を株主総会に提出するときは、監査等委員会の同意が必要です（選任議案の同意権）。

監査等委員である取締役を解任するためには、株主総会の特別決議による必要があります。監査等委員は、選任・解任・辞任に関して株主総会で意見を述べることができます(解任等についての意見陳述権)。

② 監査等委員会・監査等委員

監査等委員会はすべての監査等委員である取締役により構成されます。監査等委員会は、取締役や会計参与の職務の執行を監査すると共に、監査報告を作成します。また、株主総会における会計監査人の選任・解任・不再任の議案の内容を決定します。さらに、監査等委員以外の取締役の選任等・報酬等に関する意見を決定します。監査等委員が選定した監査等委員は、取締役や会計参与などに対して、職務の執行に関して報告を求めて、業務や財産状況の調査をすることができます。

他方、各監査等委員が負う職責としては、取締役らの業務執行に法令違反などがあると認められるときには、そのことを取締役会に報告しなければなりません。また、取締役が株主総会に提出する議案・書類などに法令や定款の違反などがあるときは、そのことを株主総会に報告する必要があります。さらに、取締役などが法令違反などを行うことによって、会社に対して著しい損害が生じるおそれがあるときには、その取締役らに対して、法令違反行為などを止めるように請求

■ 監査等委員会設置会社のしくみ

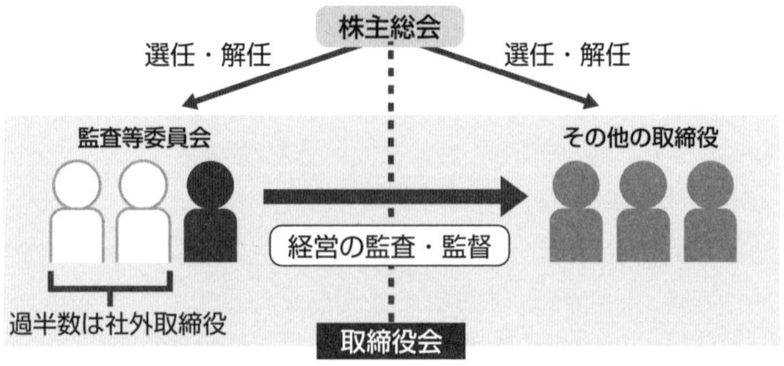

することができます。

なお、監査等委員会設置会社では、利益相反取引に関する特例があります。取締役が会社と利益相反取引などを行う場合、事前に監査等委員会の承認を得ていれば、これにより会社に損害が生じても、その取締役が任務を怠ったと推定する規定が適用されません。

③　取締役会

監査等委員会設置会社の取締役会も、主に業務執行の決定を行う機関である点では、他の会社形態の取締役会と異なりません。取締役の業務執行を監督する権限や、代表取締役の選定・解職を行う権限を持っています。また、経営の基本方針の決定、監査等委員会の職務のために必要な事項、内部統制システムの決定については、必ず取締役会が決定すべき事項とされます。

重要な業務執行の決定については、原則として取締役会が決定しなければならず、取締役に委任することができません。しかし、取締役の過半数が社外取締役である場合や、株主の判断で定款により定めた場合には、監査等委員会が置かれた趣旨である社外取締役による監査の目が行き届くものと考えられるため、重要な事項の決定の多くについて取締役に委任することが許される場合があります。

■ 監査等委員会設置会社の権限・義務

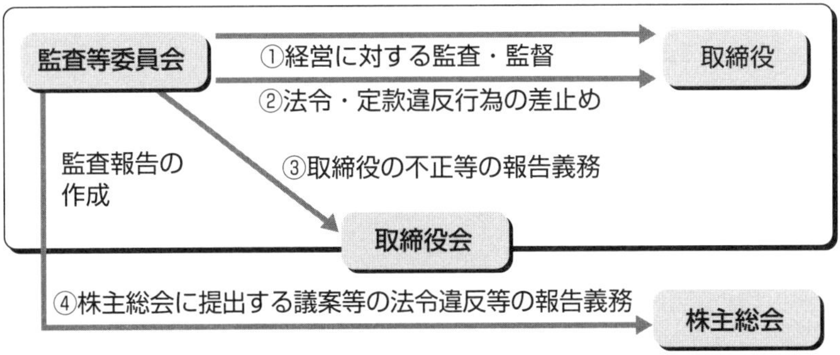

機関の変更や役員の変更が必要になる

監査等委員会設置会社になるには、定款変更が必要です。

① 監査等委員会を設置する旨の定款変更

② 会計監査人を置く旨の定款変更

③ 監査役、監査役会の規定を削除する定款変更

④ 監査等委員である取締役の報酬と、それ以外の取締役の報酬について、規定がある場合にはその定款変更（取締役の任期、員数等についての規定がある場合も変更が生じます）

⑤ 取締役会の決議によって重要な業務執行の全部または一部の決定を取締役に委任する旨を定款に定めるのであれば、その定款変更

また、監査等委員会設置会社の定めを設定すると、その定款変更の効力が発生した時に、取締役、監査役（及び会計参与）の任期は満了します。そのため、新たに取締役を選任する必要があります。

書式8　株主総会議事録

監査等委員会の設置に伴う取締役の選任については、注意が必要です。①取締役と監査等委員である取締役は区別して選任する必要があること、②監査等委員会は監査等委員である取締役３名以上で構成され、その過半数は社外取締役でなければならないため、最低でも２名は社外から選任する必要があること、③監査等委員である取締役は業務を執行することができず、代表取締役にはなれないため、最低でも１名の監査等委員ではない取締役を選任する必要があること、です。

なお、株主総会に提出する会計監査人の選任に関する議案の内容は、監査役（会）が決定しますので、議事録作成の際にはその旨がわかるよう記載します。

書式9　取締役会議事録

株主総会で任期満了による取締役の選任を行った場合には、その直後に開催される取締役会において、代表取締役の選定の決議を行う必要があります。

変更登記の申請に際し、取締役会議事録は代表取締役の選定を証する書面となりますので、出席した取締役全員が個人の実印で押印し、その印鑑証明書を添付する必要があります。ただし、設例のように、変更前の代表取締役（水田一郎）が、出席権限のある取締役として出席し、かつ法務局に届出ている印鑑（会社代表印）押印すれば、他の取締役の押印は認め印で足ります。

この他、当該取締役会において、定款に基づき重要な業務執行の決定を取締役に委任する旨の決議を行うことで、就任後すぐに権限を委譲でき、迅速な会社経営を行うことが可能になります。

書式10、11　登記申請書と登記すべき事項

登記申請にあたっては、各議案に関する「株主の氏名又は名称、住所及び議決権数等を証する書面（株主リスト）」が必要になります。

就任承諾書に記載した氏名及び住所と同一の記載のある住民票の写し等の本人確認証明書の添付が必要になります。ただし、再任の場合は不要です。設例では水田一郎と田中美四子を除く４名分の本人確認証明書を添付します。また、婚姻により改姓した場合に、申し出ることで、登記簿上に戸籍上の氏名だけでなく旧姓の併記ができます。この場合は設例のように記載し、戸籍謄本等を添付します。

登録免許税は、①監査等委員会設置会社の定めの設定が金３万円、②監査役設置会社の定めの廃止、会計監査人設置会社の定めの設定及び重要な業務執行の決定の取締役への委任についての定款の定めの設定が金３万円、③役員の変更が金１万円（資本金が１億円以上の場合は金３万円）の合計金７万円になります。

登記すべき事項の記録について、取締役が任期満了により退任し、同日、監査等委員以外の取締役に就任した場合の登記原因は重任です。ただし、監査等委員である取締役に就任した場合は「重任」ではなく、「退任」及び「就任」になります。

書式8　株主総会議事録（監査等委員会設置会社への変更）

第2回定時株主総会議事録

令和2年5月25日午前10時00分より、当社の本店において定時株主総会を開催した。

当会社の株主総数　○○名
発行済株式総数　○○○株
議決権を行使することができる株主の総数　○○名
議決権を行使することができる株主が有する議決権の総数　○○○個
議決権を行使することができる出席株主数（委任状によるものを含む）○○名
この議決権の総数（委任状によるものを含む）　○○○個

出席した役員	代表取締役	水田一郎（議長兼議事録作成者）
	取締役	佐藤二恵
	取締役	田中美四子
	監査役	鈴木三佳

上記のとおり出席があったので、本株主総会は適法に成立した。
定刻、代表取締役社長水田一郎は定款の規定により議長となり、開会を宣し直ちに議事に入った。

第1号議案　　定款一部変更の件

議長は、当会社の監視・監督機能を強化し、コーポレートガバナンスのより一層の充実と、執行と監督の分掌による機動的な会社経営を図るため監査等委員会を設置したい旨を詳細に説明した後、第○条から第○条までの監査役に関する規定を削除して、下記のとおり定款を一部変更したい旨を述べ、議場に諮ったところ、出席株主の議決権の３分の２以上をもって、承認可決された。

記

（下線は変更部分を示します）

現行定款	変更案
（機関の設置） 第○○条　当会社は、取締役、株主総会の他に、次の機関を置く。 １．取締役会 ２．監査役	（機関の設置） 第○○条　当会社は、取締役、株主総会の他に、次の機関を置く。 １．取締役会 ２．監査等委員会 ３．会計監査人
（新設）	（重要な業務執行の決定の委任） 第○○条　当会社は会社法第399条の13第６項の規定により、取締役会の決議によって重要な業務執行（同条第５項各号に掲げる事項を除く）の決定の全部又は一部を取締役に委任することができる。
（員数） 第○○条　当会社の取締役は、３名以上５名以内とする。	（員数） 第○○条　当会社の監査等委員でない取締役は、１名以上３名以内とする。 ２　当会社の監査等委員である取締役は、３名以上５名以内とする。
（選任方法） 第○○条　当会社の取締役は、株主総会において議決権を行使することができる株主の議決権の過半数を有する株主が	（選任方法） 第○○条　（現行どおり）

出席し、その議決権の過半数の決議によって選任する。	2　前項の規定による取締役の選任は、監査等委員である取締役と監査等委員でない取締役とを区別して行う。
（任期） 第○○条　取締役の任期は、選任後2年以内に終了する事業年度のうち最終のものに関する定時株主総会終結の時までとする。	（任期） 第○○条　監査等委員でない取締役の任期は、選任後1年以内に終了する事業年度のうち最終のものに関する定時株主総会終結の時までとする。 2　監査等委員である取締役の任期は、選任後2年以内に終了する事業年度のうち最終のものに関する定時株主総会終結の時までとする。
（代表取締役） 第○○条　当会社は、取締役会の決議によって、代表取締役を選定する。 2　代表取締役は会社を代表し、会社の業務を執行する。	（代表取締役） 第○○条　当会社は、取締役会の決議によって、監査等委員でない取締役の中から代表取締役を選定する。 2　（現行どおり）
（報酬等） 第○○条　取締役の報酬、賞与その他の職務執行の対価として当会社から受ける財産上の利益は、株主総会の決議によって定める。	（報酬等） 第○○条　取締役の報酬、賞与その他の職務執行の対価として当会社から受ける財産上の利益は、監査等委員である取締役とそれ以外の取

	締役とを区別して、株主総会の決議によって定める。
（員数） 第○○条　当会社の監査役は１名とする。	（削除）
（選任方法） 第○○条　当会社の監査役は、株主総会において議決権を行使することができる株主の議決権の過半数を有する株主が出席し、その議決権の過半数の決議によって選任する。	（削除）
（任期） 第○○条　監査役の任期は、選任後４年以内に終了する事業年度のうち最終のものに関する定時株主総会終結時の時までとする。	（削除）
（報酬等） 第○○条　監査役の報酬等は、株主総会の決議によって定める。	（削除）
（新設）	（常勤の監査等委員） 第○○条　監査等委員会は、その決議によって、常勤の監査等委員を選定することができる。
（新設）	（監査等委員会の招集） 第○○条　監査等員会の招集通知は、開催日の３日前までに各監査等委員に

	対して発するものとする。ただし、緊急の必要があるときは、この期間を短縮することができる。 2　監査等委員全員の同意があるときは、招集の手続きを経ないで監査等委員会を開催することができる。
（新設）	（監査等委員会の決議の方法） 第○○条　当会社の監査等委員会の決議は、議決に加わることができる監査等委員の過半数が出席し、その過半数を持って行う。

第２号議案　取締役任期満了による改選に関する件

議長は、監査等委員会を置く旨の定款変更に伴い、取締役３名全員は、本総会終結の時をもって任期満了となることから、改選の必要がある旨を述べ、その選任方法を諮ったところ、満場一致をもって議長の指名に一任することになった。議長は下記の者をそれぞれ指名し、その可否を議場に諮ったところ、満場異議なく賛成したので、次のとおり可決確定した。

取締役　水田一郎
取締役　田中美四子
取締役・監査等委員　小林七海
取締役・監査等委員（社外取締役）　伊藤啓五
取締役・監査等委員（社外取締役）　山本豊六
なお、被選任者は、いずれもその就任を承諾した。

第３号議案　　会計監査人の選任に関する件

議長は、監査等委員会を置く旨の定款変更に伴い、当会社に会計監査人を置くこととなったため、会計監査人として別添株主総会参考書類記載の公認会計士加藤八重を新たに選任したい旨及び本議案は監査役の決定によるものである旨を説明し、議場に諮ったところ、満場一致でこれを承認し、下記のとおり可決確定した。

会計監査人　加藤八重

なお、被選任者は、その就任を承諾した。

以上をもって本日の議事のすべてが終了したので、午前１０時３０分に議長は閉会を宣した。

上記決議を明確にするため、この議事録を作り、議長及び出席取締役、監査役がこれに記名押印する。

令和２年5月２５日

株式会社　カー・シャイン・ボーイ　第２回定時株主総会

実務上は総会議事録にも会社代表印を押してもらうことが多い

議長　代表取締役　　　水田一郎　　印（認印でも可）

出席取締役　　　佐藤二恵　　㊞

出席取締役　　　田中美四子　　㊞

出席監査役　　　鈴木三佳　　㊞

書式９　取締役会議事録（監査等委員会設置会社への変更）

取締役会議事録

令和２年５月２５日午前１１時００分より当会社本店会議室において取締役会を開催した。

取締役の総数　　５名
出席取締役の数　５名

以上のとおり出席があったので、本取締役会は適法に成立した。
取締役水田一郎が議長となり、定刻に開会を宣し、直ちに議事に入った。

第１号議案　代表取締役選定の件

議長は、本日開催した第２回定時株主総会において当会社が監査等委員会となることが可決確定したことに伴い、代表取締役は退任となることから、改めて代表取締役を選定する必要がある旨を述べ、慎重に協議した結果、全員一致をもって水田一郎が再任された。被選任者は即時就任を承諾した。

代表取締役　　水田一郎

第２号議案　重要な業務執行の決定を取締役に委任する件

議長は、本日開催の定時株主総会において重要な業務執行の決定を取締役に委任できる旨の定款変更があったことを述べ、法令で取締役に委任できないとされる事項を除く、当会社の重要な業務執行の全部の決定を代表取締役に委任したい旨の提案をし、本議案についての採決を諮ったところ、全員一致をもって承認可決され、代表取締役に対し、当会社の重要な業務執行の全部の決定が委任された。

上記議事を明確にするため、ここに議事録を作成し、出席取締役の全員がこれに記名押印する。

令和２年５月２５日

第１号議案で代表取締役を選定しているため、会社の実印を押印する

株式会社　カー・シャイン・ボーイ　取締役会

出席取締役　　水田一郎 

出席取締役　　田中美四子　㊞

出席取締役　　小林七海　㊞

出席取締役　　伊藤啓五　㊞

出席取締役　　山本豊六　㊞

書式10　株式会社変更登記申請書（監査等委員会設置会社への変更）

株式会社変更登記申請書

1．会社法人等番号　　０１００－０１－××××××

1．商　　　　号《フリガナ》　株式会社カー・シャイン・ボーイ

1．本　　　　店　東京都新宿区××五丁目２番１号

1．登 記 の 事 由

監査等委員会設置会社の定めの設定

会計監査人設置会社の定めの設定

監査役設置会社の定めの廃止

重要な業務執行の決定の取締役への委任についての定款の定め設定

取締役、代表取締役、監査役、会計監査人の変更

1．登記すべき事項

別添ＣＤ－Ｒのとおり

婚姻前の氏の記録に関する申出

婚姻前の氏をも記録する者の資格及び氏名

資格　取締役

氏名　田中美四子

記録すべき婚姻前の氏　山田

1．登 録 免 許 税　　金７万円

1．添　付　書　類

株主総会議事録　　1通

株主の氏名又は名称、住所及び

議決権数等を証する書面（株主リスト）　　1通

取締役会議事録　　1通

代表取締役の就任承諾書

取締役会議事録の記載を援用する

取締役の就任承諾書	5通
本人確認証明書（住民票の写し等）	3通
会計監査人の就任承諾書	1通
会計監査人の資格証明書	1通
田中美四子の戸籍謄本	1通

上記のとおり、登記の申請をします。

令和2年5月30日

東京都新宿区××五丁目2番1号

申請人　株式会社　カー・シャイン・ボーイ

東京都文京区××1丁目2番3号

代表取締役　水田　一郎

連絡先の電話番号　03－○○○○－○○○○

東京法務局新宿出張所　御中

書式11　登記すべき事項（監査等委員会設置会社への変更）

「役員に関する事項」
「資格」取締役
「氏名」水田一郎
「原因年月日」令和２年５月２５日重任
「役員に関する事項」
「資格」取締役
「氏名」佐藤二恵
「原因年月日」令和２年５月２５日退任
「役員に関する事項」
「資格」取締役
「氏名」田中美四子（山田美四子）
「原因年月日」令和２年５月２５日重任
「役員に関する事項」
「資格」取締役・監査等委員
「氏名」小林七海
「原因年月日」令和２年５月２５日就任
「役員に関する事項」
「資格」取締役・監査等委員（社外取締役）
「氏名」伊藤啓五
「原因年月日」令和２年５月２５日就任
「役員に関する事項」
「資格」取締役・監査等委員（社外取締役）
「氏名」山本豊六
「原因年月日」令和２年５月２５日就任
「役員に関する事項」
「資格」会計監査人
「氏名」加藤八重

「原因年月日」令和２年５月２５日就任
「役員に関する事項」
「資格」代表取締役
「住所」東京都文京区××１丁目２番３号
「氏名」水田一郎
「原因年月日」令和２年５月２５日重任
「役員に関する事項」
「資格」監査役
「氏名」鈴木三佳
「原因年月日」令和２年５月２５日退任
「監査役設置会社に関する事項」
「原因年月日」令和２年５月２５日廃止
「監査等委員会設置会社に関する事項」
「原因年月日」令和２年５月２５日設定
「重要な業務執行の決定の取締役への委任に関する事項」
重要な業務執行の決定の取締役への委任についての定款の定めがある
「原因年月日」令和２年５月２５日設定
「会計監査人設置会社に関する事項」
「原因年月日」令和２年５月２５日設定

Column

議事録などに押印する印鑑の使い方

・株主総会議事録に押印する印鑑

法令による印鑑の定めはないため認印による押印も可能ですが、実務上は会社の実印を押してもらうようにしています。

・取締役会議事録に押印する印鑑

代表取締役を選定した取締役会の議事録には会社の実印が必要です。会社の実印がない場合は、出席取締役、監査役は個人の実印を押印した上で印鑑証明書を添付します。なお、代表取締役を選定した取締役会の議事録に会社の実印を押印できる場合は限定されており、前代表取締役が出席権限のある取締役として出席していること（ⓐ取締役として再任されていて、ⓑ代表取締役の地位のみ辞任していること）が要件となります。

取締役会非設置会社が取締役の互選で代表取締役を選定した場合も同様です。

・就任承諾書に押印する印鑑

取締役会設置会社の場合、代表取締役の就任承諾書への押印のみ個人の実印が必要で、それ以外は認印でかまいません。

一方、取締役非設置会社の場合、代表取締役ではなく取締役の就任承諾書への押印に実印が必要です（代表取締役の就任承諾書は認印でかまいません）。

・その他の注意点

株主の氏名又は名称、住所及び議決権数等を証する書面（株主リスト）や資本金の額の計上に関する証明書、払込証明書など株式会社による証明書には、会社の実印の押印が要求されます。

法務局に会社の実印を提出している代表取締役等が辞任する場合に、辞任届に会社の実印を押印する、または個人の実印を押印して印鑑証明書を提出することが必要です。

第7章

定款変更や新株発行などの議事録と登記

1 定款変更のしくみについて知っておこう

株主総会での決議が必要になる

定款変更とは

株式会社の定款に記載される事項には、①定款に必ず記載しなければならない絶対的記載事項、②記載を欠いても定款の有効性には影響しないが、法律の規定によって、定款に記載しなければ効力を持たないこととされている相対的記載事項、③定款へ記載しなくとも定款自体の効力には影響せず、かつ、定款外においても定めることができる任意的記載事項の３つがあります。

絶対的記載事項は、①商号、②目的、③本店の所在地、④設立時の設立に際して出資される財産の価格またはその最低額、⑤発起人の氏名または名称及び住所、⑥発行可能株式総数となっており、会社設立時の定款には、①から⑥に関する規定が必ず設けられています（④、⑤は設立時の定款には必ず記載すべき事項ですが、設立後、すでに不要な条項として削除することは可能です）。

定款には、上記の絶対的記載事項の他、株式の譲渡制限に関する規定、公告の方法、事業年度など会社の基礎となる重要事項が定められています。会社が事業を継続していく上で、定款に記載されているこれらの重要事項を変更する必要が生じることがあると思いますが、定款の変更には、原則として株主総会の特別決議が必要になります。

会社の機関設計の変更

会社の機関を変更する場合にも必ず定款変更が伴います。たとえば、会社設立時は取締役会と監査役を設置している会社が、取締役の辞任等により、取締役の法定員数を確保できず、取締役会を廃止する場合や、取締役会の廃止に伴い監査役を廃止する場合、逆に会社設立時は取締役が1名のみであった会社が事業規模の拡大や取締役の員数（人数）の増加に伴い取締役会と監査役を設置する場合も定款変更が必要になります。取締役会設置会社の定款と取締役会非設置会社の定款は内容が大きく異なりますので、取締役会を廃止する場合も、取締役会を設置する場合もどちらも大幅な定款の見直しが必要になるといえるでしょう。

定款の変更と変更登記

定款の変更を行った場合、その変更事項が登記事項（63ページ）に該当するかを確認し、登記事項に該当する場合は、原則として2週間以内に本店所在地を管轄する法務局において、その変更登記をする必要があります。

定款変更に伴い変更登記が必要になる事項としては、たとえば株式の譲渡制限に関する規定の設定、株券を発行する旨の定めの廃止等がありますが、その他にも以下の事項に関する定款変更をした場合にその変更登記が必要になります。

①　商号変更

定款変更し、会社の商号（社名）を変更した場合は、その変更登記が必要になります。商業登記法上、会社は、同一の本店所在地に同一の商号がない限り、どのような商号を選択することもできますが、一般的に周知されている会社名や商品名に類似した商号に変更してしまうと、その会社・商品に不利益を与えてしまうおそれや、第三者を誤認させ、不利益を与えてしまうおそれがあり、後日争いになる可能性が考えられます。商号を変更する場合には、この点に注意してください。

商号に使用することができるのは、ⓐ日本語、ⓑローマ字（大文字のAからZと小文字のaからz）、ⓒアラビア数字（0から9）、ⓓ符号（「&」「'」「,」「-」「.」「・」）です。符号は、日本語を含む字句を区切る場合に限り使用することができ、商号の先頭や末尾（ピリオドは省略を表す符号として末尾に使用可能）に使用することはできません。

また、商号変更に伴い、会社代表印の印影を変更する必要が生じる場合もありますので（印影の変更は義務ではありません）、必要に応じて、商号変更登記の際に印影の変更も行いましょう。

②　目的変更

会社は定款の目的に規定されていない事業を行うことができないので、新たな事業を行う場合は、定款変更をし、目的の追加をする必要があります。目的変更をした場合も、その変更登記が必要になります。

会社の目的をどの程度具体的に定めるかは登記官の審査の対象とはなりませんので、客観的に見て明確であり、かつ適法であれば会社の事業目的として規定することが可能です（株式会社は、一定の営利性を目的とする必要があるとされているので、たとえば「政治献金」だけを目的とする会社となるような定款変更はできません）。

なお、会社は定款の目的に規定した事業を必ず行わなければならないわけではありませんので、後日の手続きや登録免許税の省略・節約のために、会社の目的を変更する際は、会社の将来を見据えて、今後行う可能性のある事業についても、あわせて目的として規定するのもよいでしょう。

③　公告方法の変更

会社は、株券の提出に関する公告や、基準日（95ページ）の設定の公告をする際の公告方法として、ⓐ官報に掲載する方法、ⓑ時事に関する事項を掲載する日刊新聞紙に掲載する方法、ⓒ電子公告のいずれかを定款で定めることができます（定款で定めがない場合の公告方法は、ⓐの官報に掲載する方法になります）。

ⓒの電子公告を選択した場合、「事故その他やむを得ない事由によって電子公告による公告をすることができない場合」の公告方法と

して、官報や日刊新聞紙による公告方法を予備的に定めることが可能です。

定款で定められている公告方法を変更した場合にも、変更登記が必要になります。ⓒの電子公告を選択した場合、電子公告を閲覧するためのURLも登記する必要がありますが、定款にはURLまで定める必要はありません。

本店移転と本店移転登記

会社の本店所在地は、定款の絶対的記載事項ですが、定款には最小行政区画（市町村や東京都における区のこと）まで定めればよいとされています。したがって、本店移転をする際には、定款変更が必要な場合と、定款変更が不要な場合があります。

定款変更が必要な場合は、株主総会決議で定款変更をして、取締役会（取締役会非設置会社においては取締役の過半数の決定）で、本店移転後の具体的な本店所在場所、本店移転日を決定します。なお、定款で具体的な本店所在場所まで規定することも可能ですが、この場合、本店移転には必ず定款変更が必要になります。

本店移転をした場合には本店移転登記が必要になります。本店移転登記は、元の本店所在地（旧本店）と新しい本店所在地（新本店）によって、登記申請の方法が異なります。

① 旧本店と新本店が同一の法務局の管轄の場合

この場合は、現在の本店所在地を管轄する法務局（管轄法務局）に本店移転登記申請を申請すれば足ります。ただし、旧本店と新本店の管轄法務局が同じであっても定款変更が必要な場合がありますので、注意が必要です。本店所在地に関する会社の定款規定をよく確認するようにしてください。

② 旧本店と新本店の法務局の管轄が異なる場合

この場合は、旧本店と新本店の両管轄法務局に本店移転登記を申請する必要があります。商業登記法上、旧本店の管轄法務局宛と新本店の管轄法務局宛の登記申請書を、旧本店の管轄法務局に対して、同時に申請し、新本店の管轄法務局には、旧本店の管轄法務局を経由して登記申請をすることになっています。また、新本店の管轄法務局には、会社の印鑑が登録されていませんので、本店移転登記と同時に会社代表印の届出も必要になりますので注意してください。

■ 本店移転登記手続き

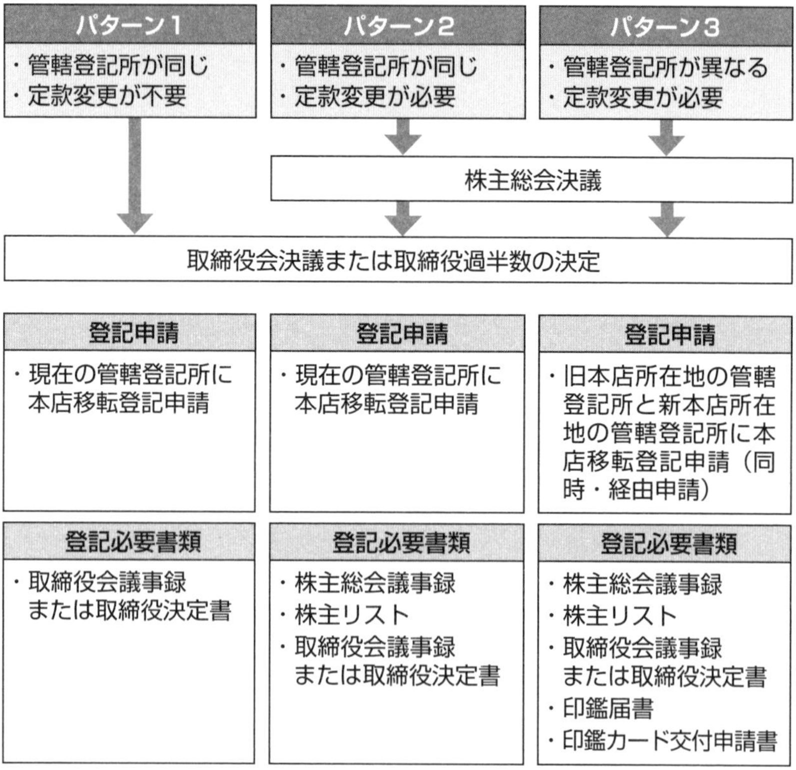

2 定款変更・本店移転に関する書式作成の注意点

本店移転をするときは定款変更が必要かを確認する

書式1　商号・目的・公告方法の変更に関する株主総会議案例

定款変更に関する議案は、新旧対照表を用いるなどして、変更部分が明確になるように記載するとよいでしょう。

また、新旧対照表など、定款変更の内容は、株主総会議事録の本文中に記載する必要はありませんので、分量が多い場合は、別紙などを用いるのもよいでしょう。

本書式では取締役の任期と事業年度の変更も行っていますが、取締役の任期と事業年度は登記事項ではありません。

書式2、3　商号・目的・公告方法の変更に関する登記申請書例

商号・目的・公告方法の変更登記を書式2のように1件で申請する場合の登録免許税は3万円です。商号の変更登記を申請する場合、登記申請書の冒頭の商号の欄には、旧商号を記載し、末尾の申請人の欄には新商号を記載します。また、書式2は、新商号の会社代表印を押印していますが、この場合は登記申請と同時に改印届が必要になります。

なお、電子公告に関するURLの決定に関しては、株主総会、取締役会など機関決定は不要とされています。

書式4　本店の所在地の変更に関する株主総会議案例

本店移転の前提として、定款変更が必要になる場合の株主総会議事録の議案例です。附則には、「株主総会終結以降に開催される取締役会において、具体的な本店移転を決議した後、その本店移転日に定款変更の効力が発生する」旨が規定され、また、本店移転後自動的に附則が消滅するような規定をしている例になります。これは、定款規定

と実際の本店所在場所に不一致が生じないようにするための規定です。

書式５　新本店の具体的所在場所・移転年月日の決定に関する取締役会議案例

取締役会では、新しい本店所在場所を具体的に定め、また本店移転日（通常は新本店での業務開始日とします）を定めます。

本店所在場所、本店移転日の決定は、業務執行に関する決定なので、取締役会非設置会社の場合は、取締役の過半数の一致で決定することになります。

取締役会で決議された本店移転日と現実に移転した日が異なる場合は、本店移転の登記申請は却下されますので、この場合には、再度、取締役会決議を行う必要があります。

書式６、７　本店移転・代表取締役の住所変更に関する登記申請書例（旧本店所在地の管轄法務局宛）

書式６、書式７は、234ページ図パターン３の場合の旧本店所在地の管轄法務局宛の登記申請書例です。登記申請書の冒頭の本店の欄には、旧本店を記載し、末尾の申請人の欄には新本店を記載します。

書式６は、本店移転と同時期に代表取締役も転居しており、代表取締役の住所変更登記も同時に申請する書式になっています。

代表取締役の住所地を会社の本店にしている場合などは、代表取締役の住所変更登記も申請する必要がありますので注意してください。

なお、他の法務局の管轄に本店移転した場合、旧本店の管轄法務局における会社の登記記録は閉鎖されます。したがって、本店移転前の登記事項証明書の取得を希望する場合は、「閉鎖登記事項証明書」を法務局に請求することになります。

本店移転登記の登録免許税は１か所につき３万円、代表取締役の住所変更登記が１件につき１万円（資本金が１億円を超える場合は３万円）であるため、書式６では、登録免許税の合計が４万円となっています。

書式8、9　本店移転登記に関する登記申請書例（新本店所在地の管轄法務局宛）

書式8は、234ページの図パターン3の場合の新本店所在地の管轄法務局宛の登記申請書例です。登記申請書の冒頭の本店の欄、末尾の申請人の欄には、共に新本店を記載します。

書式8の登記申請書は、書式6の登記申請書と同時に旧本店所在地の管轄法務局に提出します（書式でいうと東京法務局新宿出張所に提出します）。同時申請であることがわかるように、書式6と書式8の登記申請書には、余白部分に鉛筆などで、1／2・2／2などと表示してください。

また、新しい管轄法務局に、会社代表印を届け出る必要がありますので、印鑑届書（147ページ）の（注1）の欄に会社代表印を押印し、登記申請書と同時に提出する必要がありますので注意してください。

書式10　本店移転（定款変更が不要な場合）の登記申請書例

本書式は、234ページの図パターン1の場合の登記申請書例です。添付書類は取締役会議事録または取締役の過半数の一致を証する書面のみになります。

取締役会議事録に記された本店移転日が「令和2年8月1日から令和2年8月5日の間」という概括的な記載の場合には、取締役会議事録とは別に、現実の移転日を証する書面を添付する必要があります。

書式1　株主総会議案例（商号・目的・公告方法の変更）

第○号議案 定款一部変更の件

議長は、当会社の定款を下記のとおり一部変更したい旨を述べ、その理由を議場に説明した。ついで、その変更の賛否を議場に諮ったところ、出席株主の議決権の3分の2以上の賛成を得て、本議案は原案どおり可決確定した。

記

現　行　定　款	変　更　案
（商号） 第1条　当会社は、株式会社星光商事と称する。	（商号） 第1条　当会社は、株式会社スターライト商事と称し、英文ではStar light Company, Inc.と表示する。
（目的） 第2条　当会社は、次の事業を営むことを目的とする。 1．自動車部品の製作及び販売 2．不動産の売買、賃貸及び管理 3．前各号に付帯する一切の業務	（目的） 第2条　当会社は、次の事業を営むことを目的とする。 1．自動車部品の製作及び販売並びに輸出入 2．コンピュータソフトウェアの開発及び販売 3．不動産の売買、賃貸及び管理 4．衣料品、服飾品、文具等物品の販売及び輸出入 5．前各号に附帯関連する一切の事業

（公告方法） 第４条　当会社の公告方法は、官報に掲載する。	（公告方法） 第４条　当会社の公告方法は、電子公告による方法とする。ただし、事故その他やむを得ない事由によって電子公告による公告をすることができない場合は、○○新聞に掲載する方法により行う。
（取締役の任期） 第25条　取締役の任期は、選任後２年以内に終了する事業年度のうち最終のものに関する定時株主総会の終結の時までとする。 ②（略）	（取締役の任期） 第25条　取締役の任期は、選任後１年以内に終了する事業年度のうち最終のものに関する定時株主総会の終結の時までとする。 ②（現行どおり）
（事業年度） 第26条　当会社の事業年度は、毎年４月１日から翌年３月31日までとする。	（事業年度） 第26条　当会社の事業年度は、毎年１月１日から同年12月31日までとする。

＊下線は変更箇所を示す。

書式２　登記申請書例（商号・目的・公告方法の変更）

株式会社変更登記申請書

1．会社法人等番号　　０１××－０１－１２３４××

1．商　　　　号《フリガナ》　　株式会社星光商事《ホシミツショウジ》

1．本　　　　店　　東京都××区××五丁目２番１号

1．登記の事由　　商号変更

公告をする方法の変更

目的の変更

1．登記すべき事項　　別添ＣＤ－Ｒのとおり

1．登録免許税　　金３万円

1．添付書類　　株主総会議事録　　1通

株主の氏名又は名称、住所及び

議決権数等を証する書面

（株主リスト）　　1通

上記のとおり登記の申請をします。

令和２年５月２７日

東京都××区××五丁目２番１号

申　請　人　　株式会社スターライト商事

東京都××区××七丁目３番２号

代表取締役　　星　光男

連絡先の電話番号　　03－1234－5678

東京法務局××出張所　御中

書式3　登記すべき事項の入力例（商号・目的・公告方法の変更）

「商号」株式会社スターライト商事
「原因年月日」令和２年５月２７日変更
「公告をする方法」
電子公告による方法とする。
ｈｔｔｐ：／／ｗｗｗ．○○．○○／ｈｏｕｔｅｉ．ｈｔｍｌ
ただし、事故その他やむを得ない事由によって電子公告による公告をすることができない場合は、○○新聞に掲載する方法により行う。
「原因年月日」令和２年５月２７日変更
「目的」
１．自動車部品の製作及び販売並びに輸出入
２．コンピュータソフトウェアの開発及び販売
３．不動産の売買、賃貸及び管理
４．衣料品、服飾品、文具等物品の販売及び輸出入
５．前各号に附帯関連する一切の事業
「原因年月日」令和２年５月２７日変更

書式4　株主総会議案例（本店の所在地の変更）

第○号議案　定款一部変更の件

議長は、当会社の本店を移転するため当会社の定款を下記のとおり一部変更したい旨を述べ、その賛否を議場に諮ったところ、出席株主の議決権の３分の２以上の賛成を得て、本議案は原案どおり承認可決された。

記

現　行　定　款	変　更　案
（本店所在地） 第３条　当会社は、本店を東京都新宿区に置く。 ［新設］	（本店の所在地） 第３条　当会社は、本店を東京都渋谷区に置く。 附則 第３条（本店の所在地）の変更は、令和２年７月31日までに開催される取締役会において決定する本店移転日をもって、その効力を生ずるものとする。 なお、本附則は、効力発生時期経過後削除する。

＊下線は変更箇所を示す。

書式5　取締役会議案例（新本店の具体的所在場所・移転年月日の決定）

第○号議案 本店移転の件

議長は、業務の都合上、本店を下記のとおり移転したい旨を説明し、その賛否を議場に諮ったところ、出席取締役は全員異議なくこれを承認可決した。

記

本店所在地：東京都渋谷区××三丁目６番７号
本店移転日（業務開始日）：令和２年８月１日

書式6　登記申請書例（本店移転、代表取締役の住所変更登記・旧本店所在地の管轄法務局宛）

1/2

株式会社変更・本店移転登記申請書

1．会社法人等番号　　０１００－０１－１２３４××
1．商　　　号《フリガナ》　　株式会社星光商事《ホシミツショウジ》
1．本　　　店　　東京都新宿区××五丁目２番１号
1．登記の事由　　本店移転
　　　　　　　　　代表取締役の住所変更
1．登記すべき事項　　別添ＣＤ－Ｒのとおり
1．登録免許税　　金４万円
1．添付書類　　株主総会議事録　　１通
　　　　　　　　株主の氏名又は名称、住所及び
　　　　　　　　議決権数等を証する書面（株主リスト）　１通
　　　　　　　　取締役会議事録　　１通

上記のとおり登記の申請をします。

令和２年８月１日

東京都渋谷区××三丁目６番７号
申　請　人　　株式会社星光商事

東京都渋谷区××九丁目１０番１１号
代表取締役　　星　光男
連絡先の電話番号　　03－1234－5678

東京法務局新宿出張所 御中

書式7　登記すべき事項の入力例（本店移転、代表取締役の住所変更登記・旧本店所在地の管轄法務局宛）

「役員に関する事項」
「資格」代表取締役
「住所」東京都渋谷区××九丁目１０番１１号
「氏名」星光男
「原因年月日」令和２年８月１日住所移転
「登記記録に関する事項」
令和２年８月１日東京都渋谷区××三丁目６番７号に本店移転

書式8　登記申請書例（本店移転登記・新本店所在地の管轄法務局宛）

2/2

株式会社本店移転登記申請書

1．会社法人等番号　　０１００－０１－１２３４××

1．商　　　　号《フリガナ》　株式会社星光商事《ホシミツショウジ》

1．本　　　　店　東京都渋谷区××三丁目６番７号

1．登 記 の 事 由　本店移転

1．登記すべき事項　別添ＣＤ－Ｒのとおり

1．登 録 免 許 税　金３万円

上記のとおり登記の申請をします。

令和２年８月１日

東京都渋谷区××三丁目６番７号

申　請　人　　株式会社星光商事

東京都渋谷区××九丁目１０番１１号

代表取締役　　星　光男

連絡先の電話番号　　03－1234－5678

東京法務局渋谷出張所　御中

書式9　登記すべき事項の入力例（本店移転登記・新本店所在地の管轄法務局宛）

「登記記録に関する事項」令和２年８月１日東京都新宿区××五丁目２番１号から本店移転

書式10　登記申請書例（定款変更が不要な場合の本店移転）

株式会社本店移転登記申請書

1．会社法人等番号　　０１××－０１－１２３４××

1．商　　　号《フリガナ》　株式会社星光商事《ホシミツショウジ》

1．本　　　店　東京都××区××五丁目２番１号

1．登記の事由　本店移転

1．登記すべき事項　令和２年８月１日本店移転

本店　東京都××区○○六丁目７番８号

1．登録免許税　金３万円

1．添付書類　取締役会議事録　１通

上記のとおり登記を申請します。

令和２年８月１日

東京都××区○○六丁目７番８号

申　請　人　　株式会社星光商事

東京都××区××七丁目３番２号

代表取締役　　星　光男

連絡先の電話番号　　03－1234－5678

東京法務局××出張所 御中

3 新株発行の手続きと書式作成の注意点

株主総会や取締役会で募集事項を決定し、議事録を作成する

新株発行による増資

会社が事業を拡大していく上で資金の調達は欠かせません。資金調達源は、企業内で調達する内部資金と企業外から調達する外部資金に分けることができます。外部資金の調達の方法としては、直接に市場から資金を集める新株や社債の発行があります。

外部資金の調達の方法の１つが新株発行です。株式会社が、会社成立後に資金調達等のために新たに株式を発行することを新株発行といいます（自己株式の処分とあわせて、募集株式の発行と呼びます）。

募集株式の発行の方法には大別して①既存株主の保有株式数に応じた割合で募集株式の割当てを受ける権利を与える「株主割当てによる方法」と、②特定の第三者に募集株式を割り当てる「第三者割当てによる方法」、③一般投資家から募集株式の引受けを募集する「公募発行」（募集事項の決定機関は②と同じ）の３種類があります。なお、特定の株主についてのみ募集株式の割当てを受ける権利を与える場合は、②の第三者割当てに該当します。

新株発行の手続き

公開会社か非公開会社かによって新株発行の手続きが異なります。

・公開会社の場合

会社が募集株式を発行しようとする場合には、募集株式の数や、株式の払込金額や出資の履行方法など、募集事項を決定しなければなりません。公開会社では、その募集事項を決定する機関が、取締役会でよいと規定されているため、公開会社では、原則として取締役会の

決議で第三者割当の新株発行を行うことができます（公開会社が、第三者に対して、払込金額が株式の時価に比べて大幅に低下額で売却されるなど特に有利な金額で新株を発行する場合には、株主総会の特別決議が必要です）。第三者割当の場合、取締役会決議では、ⓐ発行する株式の数、ⓑ１株あたりの払込金額（代金）、ⓒ金銭以外の財産を出資する場合の財産の内容・価額、ⓓ金銭の払込みや財産の給付を行う期日・期間、ⓔ増加する資本金及び資本準備金に関する事項について取締役会で決議します（会社法199条）。

また、第三者割当の新株発行は、既存の株主の議決権割合を低下させる効果を持つため、新株発行の差止請求権を行使する機会を与えるため、払込期日・期間の初日の２週間前までに株主に対し、新株発行の内容（募集事項）を個別に通知または公告することが必要です。

・非公開会社の場合

株式が譲渡制限されている非公開会社では、他の者が新たに株主として参入することにもともと消極的だといえます。そこで、取締役会決議で募集事項を決定できる公開会社と異なり、募集事項の決定について有利発行の場合ではなくても株主総会の特別決議が必要とされています。ただし、募集株式の上限と払込金額の下限を株主総会特別決議によって定めるなど一定の要件を満たす場合、その他の募集事項については取締役（会）に委任することは認められています。

公開会社で支配株主の異動を伴う場合

公開会社の場合、募集株式の発行内容は取締役会で決定することができます。株主総会決議を通さなくてもすむため、機動的に資金を調達することができます。

ただし、募集株式の発行によって引受人が議決権の過半数を持つに至る場合（専門用語で「支配株主の異動が生じる場合」といいます）で、総株主の議決権の10分の１以上を持つ株主が支配株主の異動を伴う株式の発行に反対の意向を会社に対して示したときは、株主総会の普通決議による承認を得なければなりません。

募集事項決定後の手続き

募集事項が決定すれば、株主または株式を引き受けようとする者に募集事項を通知します。通知を受けた株主または当該第三者は、会社に対し、①申込人の氏名（名称）及び住所と、②引き受けようとする募集株式の数を記載した募集株式申込証を交付します。その後株式会社において、募集株式の割当てを行います。割当ては、募集株式が譲渡制限株式の場合、取締役会設置会社では取締役会が、取締役会非設置会社では株主総会が決定します。譲渡制限株式でない場合は、割当てを決定する機関に制限はありません。割当てを受けた者は所定の払込期日・期間に出資金を払い込むことにより、株主となります。

なお、新株発行による増資を行った場合、登記事項である発行済株式数と資本金の額に変更が生じるため、変更登記を申請する必要があります（63ページ）。

新株発行手続きで作成する書類

会社の資金調達・配当に関する主な議事録は以下のとおりです。

書式11　第三者割当による株式の募集事項を決定する株主総会議案例

取締役会非設置会社が、第三者割当の方法により新株を発行し、出資の目的を金銭とした場合のものです。払込期日ではなく、記載例のように払込期間を定めることも可能です。

払込金額が引受人に特に有利な価額である場合（有利発行）は、取締役は株主総会において、当該払込金額でその者の募集をすることの理由（たとえば「経営再建のため」や「設備投資の必要性から」など）を説明しなければなりません（会社法199条３項）。この場合は、議事録中にも上記の説明があった旨がわかるように記載する必要があります。また、株主総会において募集事項の決定を取締役または取締役会に委任する旨の決議がなされた場合は、記事録に下記のように記載します。

「1．発行する募集株式の種類及び数 普通株式2,000株を上限とする 2．募集株式の払込金額1株につき金1万円を下限とする 3．募集事項の決定 取締役（取締役会）に委任するものとする」

書式12　株主割当による株式の募集事項決定の取締役会議案例

非公開会社において、株主割当による募集事項の決定は、株主総会の決議でするのが原則です。ただし、取締役会の決議で決定できることを定款で定めてある場合には、本書式のように取締役会の決議によってすることができます。株主割当の場合、前述したⓐ～ⓔの事項に加えて、ⓕ株主に権利を割り当てること、ⓖ募集株式の引受けの申込期日を決議機関で決めることが必要です（会社法202条）。

書式13　募集株式の発行についての登記申請書

登記の申請は払込期日または期間の末日から2週間以内に行う必要があります。登記すべき事項は募集株式の発行後の発行済株式総数と、資本金の額及びこれらの変更年月日（払込期日を定めた場合は払込期日、払込期間を定めた場合は当該期間の末日）となります。登録免許税は「増加した資本金額×1000分の7（これが3万円に満たないときは3万円）」です。新株発行により払い込まれた額（たとえば2000万円）のうち、2分の1を超えない額（1000万円）は資本準備金として資本金には計上しない旨の設定をした場合には、資本金として計上する分の1000万円を基準に計算します。

添付書面は、株主総会議事録や取締役会議事録など募集事項の決定を行った機関の議事録と、株主の氏名または名称・住所及び議決権数等を証する書面（株主リスト）、募集株式の引受けの申込みを証する書面（募集株式申込証）、払込みがあったことを証する書面（通帳のコピーを合綴したもの）、資本金の額の計上を証する書面となります。

書式11　株主総会議案例（第三者割当による株式の募集事項の決定）

第○号議案　募集株式発行の件

議長は、会社法第199条１項の規定に基づき下記のとおり、募集株式を発行したい旨を述べ、その理由を詳細に説明した後、賛否を議場に諮ったところ、出席株主の議決権の３分の２以上の賛成を得て、本議案は原案どおり可決された。

記

1．発行する募集株式の種類及び数	普通株式　2,000株
2．割当方法	第三者割当てによる方法とする
3．募集株式の払込金額	１株につき金１万円
4．払込期間	令和２年４月１日から 令和２年４月30日まで
5．増加する資本金の額	金1000万円
6．増加する資本準備金の額	金1000万円
7．払込みを取り扱う金融機関	株式会社○○銀行　○○支店 （住所：東京都○○区○○１－１－１） 普通預金口座　12345678

書式12　取締役会議案例（株主割当による株式の募集事項決定）

第○号議案　募集株式発行の件

議長は、会社法第199条第１項及び第202条並びに当社定款第○条の規定に基づき、下記のとおり募集株式を発行し、増資を行いたい旨を提案し、議場に諮ったところ、出席取締役の全員一致により、本議案を議長の提案どおり可決確定した。

記

１．割当方法	株主に対し、募集株式の引受けの申込みをすることにより株式の割当てを受ける権利を与えるものとする。
２．募集株式の引受けの申込期日	令和○年○月○日
３．発行する募集株式の種類及び数	普通株式　2,000株
４．募集株式の払込金額	１株につき金１万円
５．払込期間	令和２年４月１日から 令和２年４月30日まで
６．増加する資本金の額	金1000万円
７．増加する資本準備金の額	金1000万円
８．払込みを取り扱う金融機関	株式会社○○銀行　○○支店 （住所：東京都○○区○○１－１－１） 普通預金口座　12345678

書式13　登記申請書（募集株式の発行）

株式会社変更登記申請書

1．会社法人等番号　　０１００－０１－１２３４××

1．商　　　　号《フリガナ》　株式会社星光商事《ホシミツショウジ》

1．本　　　　店　東京都新宿区××三丁目１番５号

1．登 記 の 事 由　募集株式の発行

1．登記すべき事項

令和○年○月○日次のとおり変更

発行済株式の総数　　１万株

資本金の額　　　　　金 9000万円

1．課 税 標 準 金 額　　金 1000万円

1．登 録 免 許 税　　金 ７万円

1．添　付　書　類

株主総会議事録	１通
株主の氏名又は名称、住所及び 議決権数等を証する書面（株主リスト）	１通
募集株式の引受けの申込みを証する書面	○通
払込みがあったことを証する書面	１通
資本金の額の計上に関する証明書	１通

上記のとおり登記の申請をします。

令和２年６月１日

東京都××区××三丁目１番５号

申　請　人　　株式会社星光商事

東京都××区××七丁目３番２号

代表取締役　　星　光男

連絡先の電話番号　　03－1234－5678

東京法務局××出張所　御中

Column

令和元年商業登記法改正の概要

令和元年の会社法改正に合わせて、商業登記法も改正されました。大きな改正点は、印鑑届出の任意化、支店の所在地における登記の廃止、株式交付制度の新設に伴う手続の整備の３つです。

①　印鑑届出の任意化

会社の代表者は、登記申請の際に登記官が印鑑を照合し、申請者の本人確認をすることができるように、印鑑を登記所に届け出なければなりません。しかし、書面で印鑑の届出を求めることは、法人設立手続のオンライン・ワンストップ化の妨げになっていました。現行制度上も、オンライン申請では、電子証明などにより本人確認がされています。そこで、印鑑の届出を義務ではなく任意としました。新制度は、公布日（令和元年12月11日）から１年３か月を超えない範囲で施行されます。

②　支店所在地における登記の廃止

支店を設置した会社は、本店所在地の管轄登記所に加え、支店所在地の管轄登記所においても登記が義務付けられていました。支店と取引する者にとっては、支店所在地における登記を調査することで、本店の情報を得る端緒になっていました。しかし、現在では、登記情報提供サービスを利用して本店の登記情報を得ることや支店所在地の登記所で本店の登記事項証明書を取得することもできます。そのため、支店所在地における登記は廃止されました。公布日から３年６か月を超えない範囲で施行されます。

③　株式交付制度の新設に伴う手続の整備

株式交付（58ページ）により、発行済株式の総数など登記事項に変更が生じるため、登記申請における添付書類に関する事項など、手続の整備がされました。公布日から１年６か月を超えない範囲で施行されます。

資料　会社の登記に関する主な登録免許税

区分	登記の事由	登録免許税
イ	株式会社の設立	資本金の額の 1000 分の 7(注1)
ニ	株式会社の資本金の増加	増加した資本金の額 の 1000 分の7(注2)
ツ	商号の変更	1件につき 3 万円
ツ	目的の変更	1件につき 3 万円
ツ	商号と目的の変更	1件につき 3 万円
ツ	公告方法の変更	1件につき 3 万円
ツ	株式譲渡制限の設定	1件につき 3 万円
ツ	株式譲渡制限の廃止	1件につき 3 万円
ヲ	本店移転の登記	1か所につき 3 万円
ワ	取締役会、監査役会、監査等委員会若しくは指名委員会等に関する事項の変更	1件につき3万円
カ	取締役、代表取締役若しくは監査役に関する事項の変更の登記(役員の氏名又は住所を変更する場合を含む)(注3)	1件につき 3 万円 (資本金の額が 1 億円以下の会社は 1 万円)
ツ	役員の会社に対する責任の免除	1件につき 3 万円

(注 1) ただし、計算した税額が 15 万円に満たないときは 15 万円となる。
(注 2) ただし、計算した税額が3万円に満たないときは3万円となる。
(注 3) 特別取締役、会計参与、会計監査人、指名委員会等の委員、執行役、代表執行役、社員（持分会社の社員のこと）に関する事項の変更についても同様。

※「区分」とは、登録免許税法別表第 1 第 24 号の区分をいう。
※登記の事由が複数でも、区分が同じ場合は、その区分に応じた登録免許税を納付すればよい（合算の必要はない)。区分が異なる場合は、それぞれの区分に応じた登録免許税を合算した額を納付する。

【例 1】商号変更と目的変更と公告方法の変更を一度に行った場合

区分がすべて「ツ」なので、登録免許税は 3 万円となる。
←ツ＋ツ＋ツ＝9 万円ではない。

【例2】商号変更と取締役の変更を一度に行った場合

3 万円（ツ)＋3 万円（又は 1 万円)（カ)＝6 万円（又は 4 万円）となる。
←区分が異なるので合算する必要がある。

【監修者紹介】

望月　慎之助（もちづき　しんのすけ）

1980年生まれ。神奈川県出身。認定司法書士（神奈川県司法書士会所属）。東京都立大学法学部法律学科卒業。神奈川大学大学院法務研究科卒業。都内司法書士事務所勤務・退職の後、司法書士もちづき法務事務所を開設（2017年８月）。法律手続の総合窓口であることをモットーに、商業法人登記・不動産登記など登記手続をはじめ、相続手続、成年後見手続、債務整理手続、裁判所提出書類作成、簡易裁判所訴訟代理その他各種法律手続について幅広く対応している。

事業者必携
改正対応！
中小企業のための
株式会社【株主総会・取締役会・監査役会】
の議事録・登記の手続きと書式サンプル集

2020年4月30日　第１刷発行
2023年7月10日　第２刷発行

監修者　望月《もちづき》慎《しん》之《の》助《すけ》
発行者　前田俊秀
発行所　株式会社三修社
〒150-0001　東京都渋谷区神宮前2-2-22
TEL　03-3405-4511　FAX　03-3405-4522
振替　00190-9-72758
https://www.sanshusha.co.jp
編集担当　北村英治
印刷所　萩原印刷株式会社
製本所　牧製本印刷株式会社

ISBN978-4-384-04840-7 C2032